I0817271

Diálogos con
Abul Beka

Si este libro le ha interesado y desea que lo mantengamos informado de nuestras publicaciones, puede escribirnos a comunicacion@editorialsirio.com,
o bien suscribirse a nuestro boletín de novedades en:
www.editorialsirio.com

Maquetación y diseño de interior: Natalia Arnedo
Diseño de portada: Editorial Sirio, S.A.

EDITORIAL SIRIO, S.A.
C/ Rosa de los Vientos, 64
Pol. Ind. El Viso
29006-Málaga
España

NIRVANA LIBROS S.A. DE C.V.
Camino a Minas, 501
Bodega nº 8,
Col. Lomas de Becerra
Del.: Alvaro Obregón
México D.F., 01280

DISTRIBUCIONES DEL FUTURO
Paseo Colón 221, piso 6
C1063ACC
Buenos Aires
(Argentina)

www.editorialsirio.com
sirio@editorialsirio.com

I.S.B.N.: 978-84-17030-10-0
Depósito Legal: MA-570-2017

Impreso en Imagraf Impresores, S. A.
c/ Nabucco, 14 D - Pol. Alameda
29006 - Málaga

Impreso en España

Puedes seguirnos en Facebook, Twitter, YouTube e Instagram.

CAYETANO ARROYO

Diálogos con AbulBeka

Este libro está dedicado a
los Hijos de la Luz, que trabajan Conscientemente por la implantación del Reino de la Paz y el Amor en la Tierra.
A ellos les digo: ¡Adelante!
Paz y Amor a todos los seres.

INTRODUCCIÓN

Un día de los muchos días que llenan esta existencia mía cuyo nombre es Cayetano, dije: «Voy a materializar mi esencia para que otras esencias veladas a su vez en los papeles que les ha marcado la Escuela Planetaria Tierra puedan recordarse a sí mismas y tomen conciencia de Ser por encima del ego, del deseo y del cuerpo que les ha dado la vida».

Fue entonces cuando deseé crear una forma de transmitir y un estilo. La mano del azar puso ante mí el nombre de Abul Beka, poeta elegiaco que nació y murió en Medina Runda y que es famoso por su *Elegía a la caída del Islam*. Fue entonces cuando creé la trama adecuada y puse en boca de este personaje todo aquello que mi esencia debe decir para estos tiempos... Así nacieron los *Diálogos con Abul Beka*.

Aquellos que sepan trascender los nombres y los lugares quizá estén más cerca de mí, y como al aire fresco de la sierra me podrán respirar más puro.

Aquellos que aún miran más los signos y las formas que toma el Espíritu, sus nombres y sus ritos que al Espíritu mismo siempre estarán enfrentados «consigo mismos», y por tanto con la mayoría de aquellos que los rodean; porque aún no saben ver lo que lo une todo y solo ven la ignorancia que es la que separa al hombre del hombre.

SED CLAROS

El mes de Tishri, cuando abren sus capullos las flores y los campos se visten de verde, bajó de la montaña Abul Beka. Su cabeza resplandecía con los rayos del sol de la mañana. Y su cuerpo era esbelto como un junco. Su vestido era una túnica y andaba descalzo. Sus ojos eran profundos y su mirada, lejana, como distante.

Por tres días y sus noches anduvo como dormido por las calles de Medina Runda, y vivió en sus plazas y miró a sus gentes; pero fue al cuarto día cuando abrió la boca para hablar.

Y muchos cuando le veían se decían:

—Ya ha vuelto el soñador, aquel que vimos irse a la montaña, pero ¿dónde ha dejado su sonrisa y su alegría? Sus cejas se arquean como si guardaran una pena y sus ojos parecen no mirarnos.

Y un anciano les dijo:

—La madre montaña os ha robado a un amigo de la infancia pero os ha devuelto a un Maestro. Escuchadlo.

Y Abul Beka miró a sus hermanos y vio sus corazones, y en ellos advertía mucha hambre de Verdad y muchas ansias de salir de la ceguera que les causaban los siglos y las tradiciones. Entonces les hablaba con estas palabras:

—Pueblo de Runda: cuando recéis, hacedlo con el corazón y no con la garganta. Porque las oraciones son como las semillas que fecundan los campos y despiertan a los dormidos.

»Y no hagáis de la religión una superstición.

»Porque verdad es que pierde el tiempo aquel que se arrodilla con el cuerpo, mas continúa frío en su corazón. No os engañéis.

»Sed claros como las noches de primavera. Y abríos como rosas a los vientos.

»Que vuestra religión sea la naturaleza de la ciencia unida a la fe de los Cielos. Que la fe levante vuestros pilares y la ciencia sirva para estructurarlos.

Entonces un joven se levantó y dijo:

—Maestro, dinos: ¿qué hace a cada religión considerarse la única depositaria de la Verdad del Cielo y luchar con las otras para imponerse?

—Hermano –le dijo–, verdad es que los Grandes Maestros vienen todos de un tronco común; son las supersticiones de los hombres y los ritos mal llevados los que han provocado tal daño, porque hay que considerarse hermanos de todos, respetando las creencias y no imponiendo las del más fuerte.

»Mirad, los olivos que llenan estas tierras conviven en paz con las encinas. Todos viven de la naturaleza y ninguno, por estar en mayoría, transforma a sus hermanos de las otras especies.

»Mirad la multitud de las plantas que habitan la humedad de los ríos y los arroyos. Todas viven apoyándose unas en otras con respeto y armonía.

»El fanatismo mueve al espíritu del hombre cuando el viento se ha llevado su humildad y su Amor. Y sabed que son los fanáticos los que más daño hacen y se hacen.

NO OS DURMÁIS EN EL EGOÍSMO

Por aquellos tiempos Medina Runda parecía un edén. Y eran muchos los peregrinos de las sierras que venían para buscar en ella la Paz.

Muchos buscaban el consuelo de sus corazones y el aleteo de sus espíritus porque el viento esparcía por los campos la voz de Abul Beka *El Divino*. Y muchos llegaban y se postraban ante él esperando su palabra como si fuese «el Profeta».

Mas él los levantaba diciendo:

—Hijos de la luna, no os confundáis, no toméis este mi cuerpo por altar, porque no es merecedor ni tan siquiera de elevar el incienso. Despertad mejor los altares que duermen en vuestros corazones y limpiadlos para ofrecer sacrificios.

»Y cuando se unan, uno a uno, todos vuestros sacrificios, verdad es que hasta el propio Padre Dios bajará halagado.

»No os durmáis en el egoísmo. Porque os digo que es vuestro mayor enemigo, vencedlo y os trascenderéis como lo hacen las aves del cielo; ellas no se preocupan de la comida ni de la bebida, ni atesoran para mañana.

»Hay muchos que guardan el oro como si con él pudieran comprar la muerte. Y muchos son los que lo malgastan como si con ello pudiesen alargar la vida. En verdad os digo que no son sino ignorantes, que no conocen la Verdad.

Y uno le preguntó:

—Dinos, Maestro, ¿cuál es la Verdad de esto?

—De verdad te digo: aquel que sabe que todo cuanto tiene no es suyo, sino de los Cielos, está en la Verdad.

»Mas aquel que sabe que es un vehículo para dar todo lo que tiene a aquellos que lo necesitan la realiza.

LA CALMA Y EL SILENCIO

Por aquel tiempo eran muchos los que se retiraban a la soledad de los montes a meditar. Y eran muchos los que en el silencio de las cumbres y de los pequeños valles ocultos se buscaban a sí mismos.

Pero Abul Beka decía de ellos:

—Aquellos que buscan el silencio en la calma nunca lo encontrarán desnudo. Para desnudarlo hay que buscarlo entre el bullicio.

»Decidme: ¿de qué sirve a un corazón tener calma en medio de la soledad? ¿Acaso no es como la calma que tiene un río cuando riega un valle?

»Mas ¡qué grande es un corazón cuando en medio de la alteración conserva la calma y se viste con el silencio! Es como el torrente que resbala sereno por la falda de la montaña.

»Muchos van a lugares donde lo más que les molesta es el canto de un pajarillo o el ritmo que arranca la brisa a las hojas de los árboles. Y se dicen: «Estoy tranquilo y sereno en este lugar, ya he alcanzado la calma y el silencio es el amigo de mi corazón».

»Pero cuando vienen al bullicio, sus corazones se agitan y sus pulsos se alteran; y sus pensamientos chocan violentamente en sus frentes. Y yo les diría: ¿dónde guardasteis la calma? ¿Qué morada le preparasteis en vuestros pechos que tan pronto se fue de vosotros?

»Mirad que aquel que busca el silencio interior lo encuentra en medio de los ruidos y de las voces y de los gritos; y tomándolo, lo sienta en su corazón, y al escucharlo ya no oye hacia fuera sino hacia dentro.

»Y en verdad os digo que ni una tormenta ni el galope de cien caballos podría separarlo de él.

»Para buscar, pues, la calma interior, no os vayáis adonde todo es calma. Id adonde no hay calma y sed vosotros la calma. De esta forma la encontraréis al darla y la tendréis en el grado en que veáis que otros necesitan de vosotros para calmarse.

EJEMPLO PARA FLORECER

Abul Beka bajó hasta el valle que regaba el Guadalevín, era el mes de las flores y muchos las recogían para llevarlas al altar de los sacrificios. Les dijo:

Hombres y mujeres: Está determinado que nunca aprenderéis. ¿Acaso pensáis alabar al Cielo tomando algo que El puso con un fin sobre la Tierra?

¿Creéis de veras que, truncando la vida de estos seres, halagáis a Nuestro Hacedor? Estas criaturas no fueron puestas sobre la Tierra para tomarlas y abusar de ellas por ser inferiores, al igual que tampoco lo fueron los animales ni los pájaros.

Si realmente sabéis que necesitáis de ellos para alimentaros, tomad solo aquello que podáis comer, mas no os dejéis llevar por la avaricia porque ello desequilibra al mundo.

Y si queréis levantar un altar al Eterno, tomad por altar la misma Naturaleza y cuidadla; porque es verdad que más alegraréis a vuestro Padre dejando cada flor donde está, que cortándola, ¿acaso no comprendéis que os lleváis la muerte y dejáis la vida?

Miradlas cómo se visten de todos los colores y cómo vibran al sol. Mirad cómo alegran el valle. ¿Acaso no es ya éste un altar? Dejadlas pues y tomad su ejemplo para florecer.

Y que vosotros seáis las flores que decoran los templos porque es verdad que cuatro muros llenos de Amor superan al mayor palacio del mundo lleno de flores.

Dejemos pues ya las apariencias y no nos engañemos poniendo bellas fachadas en nuestros corazones.

NO TODO
EL TODO DE MÍ

Y decía:

Un zapato contiene una parte de mi cuerpo pero no Todo mi cuerpo.

Una vida contiene una parte de mi Todo, pero no todo el todo de mí.

Iluso sería yo si al sentir el pie, intentara al mismo tiempo sentir mi mano.

LA LUZ

Estaban reunidos en torno al hogar en una casa, y llegó a ellos. Y tomando la palabra, dijo:

—Hermanos de Medina Runda sea la armonía, la dicha y la paz en vuestros corazones.

Se sentó entre ellos. Y Jaida, que estaba allí, vino y le dijo:

—Maestro, ¿por qué te has ido de nosotros y nos has dejado solos? Te fuiste y contigo se fue el canto de los pájaros y la Luz de los días en nuestras almas.

»Quédate con nosotros para siempre, porque tú eres la luz que enciende nuestros corazones.

Y Abul Beka la sentó a su lado y, tomándole las manos, le dijo:

—No dependas de nada que esté fuera de ti.

»En todo momento estuve contigo y no te abandoné; eres tú la que no se ha dado cuenta y me ha buscado fuera por las calles, en las plazas y los campos, sin encontrarme. Mientras, yo te esperaba en tu interior.

Y, dirigiéndose a todos, les dijo:

—No seáis como el ignorante que busca la aguja en la calle y la perdió en su casa.

»Ni como aquellos que necesitan imágenes para vestir a la Luz y poderla adorar. Porque la Luz está en todas las cosas y de todas ellas se viste, pero muchos son los que la confunden con sus vestiduras y las toman, mas ella se les escapa.

EL QUERER, EL SABER Y EL ATREVERSE

Hablaba así a aquellos que venían en pos de él:

—Sabed, hermanos, que el Maestro de Justicia, como Buda, Mahoma, Krishna, Hermes, Pitágoras... y otros, trajeron la antorcha de la vida a la durmiente humanidad, mas muchos la vieron con ojos de sueño y, después, al tratar de transmitirla a sus hermanos, les enseñaron sus sueños, no la realidad.

»Aquellos que velan y están despiertos me comprenden. Plenos son aquellos que, no contentos con los ritos que les ha dado una creencia, han buscado la unidad que hay en todas ellas, porque se desperezan ya del sueño de la vida.

»Y más merecedores de bienaventuranza son aquellos que, trascendiendo su verdad –aquella que les enseñaron–, fueron inquietos y siguieron buscando, sin dejar que los atrapara el conformismo.

»Ellos sacrificaron su verdad por la Verdad y, algún día, la poseerán plenamente.

»Bienaventurados doblemente ellos porque al querer han unido el saber y el atreverse, y todo ello lo hacen en el silencio de la noche.

COMPAÑEROS DE VIAJE

Una tarde, de las muchas de primavera, cuajada de flores y frutos, se habían reunido cerca de los Baños, donde el arroyo que bordea las murallas le da un beso de unión al Guadalevín y se hace su eterno compañero de viaje.

Y uno de entre los que le seguían le dijo:

—Maestro, derrama tu voz y danos fuerzas para que también nosotros nos hagamos eternos compañeros de viaje contigo hacia la Luz.

Y Abul Beka le respondió:

—Mis compañeros de viaje aquí en la Tierra ya los fijó, hace mucho, el Cielo. Lo único que hago es recoger lo que Él sembró.

»¿Y durante cuántas vidas habéis venido a mi lado y cuántas otras seguiréis junto a mí? Mirad que el maestro nunca os abandonó. Esa soledad nacía de vuestro aislamiento, mas Él nunca se apartó de vosotros. No os dejéis llevar por las apariencias de que se visten las cosas en este mundo y sabed distinguir debajo de ellas. Porque Él puede estar velado para los ojos de la carne, mas no para los del Espíritu.

»Y puede estar vuestro maestro muy cerca de vosotros y no lo reconocéis. Lo mismo que están vuestros hermanos de camino y no los reconocéis.

»Hay un dicho muy conocido en Oriente, que reza: «Cuando el discípulo está preparado, viene el maestro». Mas yo os digo: ¿acaso no es porque el maestro nunca nos abandonó y era nuestra ignorancia la que lo mantenía oculto?

VUESTRO CAMINO

El mes de Tishri llenaba el cielo cuando el poeta bajó a visitar algunos pueblos, que florecían como lotos blancos sobre la serranía.

Y hablaba a la gente así:

—Hermanos de todas partes y todas las tierras, no os traigo doctrinas ni dogmas, porque ¿de qué sirve colocar dogmas o doctrinas donde ya existían otras? ¿Acaso no es solo cambiar el sentido de las palabras o alargarlas o hacerlas más profundas?

»Mirad, cuando busquéis, buscad en vosotros; y cuando queráis encontrar, id a los demás.

»Mas no id a los demás sin conoceros. Entonces dadles como presente vuestros logros, vuestros adelantos, y a cambio, no les pidáis ni su aliento ni tan siquiera su alegría.

»Porque haciendo esto vais en vuestro camino, que es el camino que trazó el maestro.

»Que el silencio sea vuestra palabra y el camino vuestros pies. No andéis con boca prestada ni con pies ajenos. Mas ofreced en todo momento vuestra boca y vuestros pies a aquellos que lo necesiten.

»Y antes de hablar de tu compañero de camino y decir alto lo que siente tu corazón, mírate bien tú y ponte en su lugar. Entonces te darás cuenta de que tú harías justamente lo que él hace. Calla pues y no critiques en él, mas aprende de sus tropiezos para no tropezar tú después en la misma piedra.

NUEVAS DIMENSIONES

Y aquella tarde el horizonte era un aleteo. Se oían hasta los pasos del silencio al subir por el camino que da a las murallas.

Y el hermano sol parecía un caqui maduro que caía lentamente de las ramas del cielo en los brazos de las montañas.

Abul Beka, sentado a la orilla del Guadalevín, junto con sus hermanos, contemplaba el rizo de sus aguas jugando por entre las piedras.

Uno de ellos le pidió:

—Maestro sublime, dinos sobre el misterio de la muerte.

Y Abul Beka guardó silencio por unos momentos, como recordando, y después así les dijo:

—Una vez iba una oruga paseando por la rugosa superficie de un tronco. La vio una mariposa, que revoloteaba en los éteres del aire y, posándose delante de ella, le dijo: «Hola, hermana del pasado. ¿Por casualidad sabes tú que vendrán en el futuro días en que abandonando esa envoltura terrena te hagas voladora como yo y asciendas hacia el cielo?»

Y la oruga le dijo: «Sí. Eso es lo que me enseñaron mis padres y a ellos se lo enseñaron mis abuelos. Decían que después de esta hay otra vida donde podemos liberarnos de las cadenas de la Tierra y ascender alados a nuevas dimensiones. Mas yo no lo creo, y aunque en mis días y en mis noches pienso que camino hacia algo, mi imaginación se para en este plano, donde adoro el latido de la savia y el palpitar de las hojas cuando me acarician los pies».

»Entonces la mariposa se fue hacia arriba y desapareció.

Pasaron varios días, que fueron años para la oruga, y esta notó que le llegaba el final. Se fue hacia una rama saliente de pino y cuando se ponía el sol hizo su tumba de seda, acostándose para esperar la venida de la muerte.

»Y con el tiempo llegó la primavera de su nacimiento como mariposa, extendió sus alas y rauda se ensimismó en el aire y dio sus primeros aleteos hacia el sol de la mañana. Y cuando volaba vio a una oruga que subía trabajosamente por un tronco y, posándose delante de ella, le dijo: «Hola, hermana del pasado. ¿Por casualidad sabes tú que vendrán días...?».

PESADILLAS

—Qué grandes son tus plazas y tus calles. Más grande es tu silencio, tu palpitar, tu atmósfera acariciante y cálida, como una madre.

»Medina Runda, Medina... Tú estás en la soledad y la alegría de mi corazón.

Así hablaba Abul Beka a sus hermanos, cuando vino al grupo uno tambaleándose porque había ya mucho alcohol en su cuerpo y el espíritu se le salía.

Y todos lo apartaban y le daban de lado. Y el poeta se acercó a él y, trayéndolo al centro, dijo:

—¿Por qué negáis el calor a aquel que más lo necesita?

»¿Acaso creéis que ha bebido por otra cosa que por olvidar la frialdad de la vida? ¿Porque ha habido debilidad en él le echáis? ¿Porque ha querido soñar despierto y ha tratado de trascender el umbral de su destino?

Y mirándole fijamente le dijo:

—Hermano, no dejes que te venza la hilaridad de la vida, porque tú eres la vida.

»No dejes que te venzan las pesadillas, porque pasan.

»Y no olvides que también el hierro, cuando se le golpea en el yunque, se retuerce y grita, protesta y llora. Mas después, cuando moldeado se hace objeto útil, todo él es alabanza para aquellos golpes que antes maldecía.

»Vete, pues, a tu casa y medita sobre esto y no bebas más. Los golpes de la vida harán también de ti un objeto útil donde pueda beberse algún día la Luz.

ANTES DE REMONTAR EL PRIMER VUELO

El sol se ha posado sobre el pecho del dormido gigante de piedra y lentamente, al penetrarlo, lo transmuta en oscuridad. Todo el valle se ha hecho violeta y los árboles juegan con las estrellas.

Llegaba el silencio de puntillas por la cornisa de los tajos cuando el Maestro dijo:

—Mi entendimiento está abierto a la luz de las estrellas. Mis alas se despliegan para volar en el silencio de este momento. Voy a salir del nido de mi cuerpo para volar más allá de los horizontes que ponen las tres dimensiones de sus sentidos.

Y uno, suavemente y con angustia, le dijo:

—Ábreme el entendimiento sobre «mí mismo» y ábrele las alas al horizonte de mi esencia para que yo pueda acompañarte.

Y él así le respondió:

—¡Cuántas veces el viento mueve las cañas de las orillas de los ríos para que al chocar unas contra otras, se sientan y sepan qué son!

»¡Cuántas veces el agua va espiritualizando a las piedras que se oponen a su paso hasta hacer de ellas bellos guijarros de suave tacto!

»Así te digo que la misma vida te irá poniendo en aquellos sitios donde puedas pulimentar tu ser y abrillantar tu esencia.

»Mira cómo nace el fruto del árbol y cómo nace el pajarillo en el nido y cómo se hace una flor. Mira con cuánto mimo y con cuánta dulzura se modelan los ríos y se crean los valles y se forman las montañas.

»Mas también mira que antes de remontar el primer vuelo, te caerás muchas veces. Antes de sintonizar los latidos de tus sentimientos, odiarás muchas veces. Antes de llegar al Conocimiento, tendrás muchos conocimientos que después irás abandonando en el camino, porque solo son un peso y no un alivio en tu caminar.

»Nunca pienses que el horizonte que ves al ponerse el sol es el horizonte; porque solo tendrías que andar hasta él, para ver que hay otros nuevos horizontes.

»No te hagas pequeño quedándote en lo pequeño. Sé amplio como es la montaña. Mira que en la lejanía todo se diluye en ella, pero cuando te acerques verás que dentro de ella hay otras muchas montañas, cada una con sus caminos y sus valles.

»Cuando se presenten ante ti la comodidad y el sufrimiento, yo te diría: escoge el sufrimiento, porque él te llevará por caminos escarpados y llenos de piedras, por desfiladeros y gargantas, por zarzales y espinos, pero pronto vislumbrarás la cima de la Montaña de la Luz.

»La comodidad te arrastrará por valles y caminos dulces, donde fácilmente podrás descansar, pero ¡cuán lejos se te hará la cima de la Montaña de la Luz! Quizá, hasta la olvides.

»Mira que mientras menos haces menos quieres hacer y mientras menos te impones menos deseos tienes de imponerte. Así se hacen los árboles piedras y los caminos vuelven a ser campos y las civilizaciones se convierten en desiertos.

Así las voces se hacen ecos y la entrega a los demás, rutina y la vida, sueño.

»Sé como los torrentes que al resbalar por las laderas de las montañas solo tienen una meta: volver al mar. Ellos fueron antes el Espíritu del mar hecho nube que se resbaló por entre los dedos del viento para caer sobre las montañas.

»Tú también eres una gota del Espíritu de la Luz que, materializada al tocar esta existencia, cae con muchas otras gotas de Espíritu, para después rodar por las laderas de la vida y unidas hacer un torrente para volver al Mar de la Luz. Mira bien a cuántos valles y a cuántos campos darás vida al tocarlos y al hacerte «ellos mismos».

»¡Y cuántas veces te evaporarás para volver a condensarte sobre la hoja de un almendro o sobre una flor, sobre un espino o quizá sobre el mismo camino!

»He subido a tu cabeza y he visto tus pensamientos y me he sentado en tu corazón para beber tus sentimientos. Me he sentado en tu soledad y he andado acompañando tu búsqueda. Aunque tu cuerpo es joven, eres viejo sobre la Tierra. Ven y bebe, porque puedes apurar hasta la última gota de la sabiduría que te ofrezco.

MÁS ALLÁ

Y decía:

—Dichosos aquellos que son felices buscando solo la felicidad.

»¡Ah de aquellos que creen que la encontrarán al remontar la loma que les oculta el horizonte!; porque ese horizonte será la loma que les tape otro horizonte...

»Y así ocurrirá más allá del tiempo que puedan contar y del espacio que puedan medir.

»Solo desde arriba se puede observar lo de abajo.

»Y lo que para aquel que está arriba, es espacio, es tiempo para aquel que está abajo.

»Solo trasciende la circunferencia aquel que está fuera de ella y desde allí. ¡Cuántas salidas tiene!

»Anda el suelo con los pies, pero el camino hazlo con el espíritu. Son incontables los pasos que abarca una sola mirada suya.

EL CANTO DE LA MONTAÑA

Un día, entre las manos de la primavera, vi cómo cantaba un ruiseñor y llenaba de armonía mi corazón y el de todo el valle con su canto.

Y vino hasta él un águila de las alturas para así decir:

—Quiero que vengas conmigo al filo de la montaña donde esta se besa con el cielo y deleites a la Gran Águila con tu canto.

Y el ruiseñor le respondió:

—Si me llevas hasta allí, mi canto se quedaría en este valle, porque no es sino el valle el que canta por mi garganta. ¡Ves! Este momento tiene un canto y nunca más habrá otro momento que tenga igual canto.

—Dile a la Gran Águila que baje al valle si quiere escucharlo y no trate de llevar el valle a la montaña. Aún me sorprendo cuando oigo el deseo de la Gran Águila; ¿acaso se ha quedado sorda para no escuchar el canto de la montaña? ¿Ya no oye cómo el viento toca la flauta en las cañadas y en los desfiladeros, y cómo el silencio toca las estrellas en las noches de calma?

Y el águila se quedó pensativa, y después remontó el vuelo avergonzada.

CUANDO VENZAS TUS DESEOS

—Maestro, cuando la muerte nuble mi vista, ¿qué será de mí?

Y él le dijo:

—Cuando la muerte de tu cuerpo nuble la vista de tus ojos, verás con la vista de tu alma; mas prepárate porque solo cuando venzas tus deseos verás claro.

»¿Cómo vería una lombriz a un pajarillo?

»¿Cómo vería una oruga a una mariposa?, y ¿cómo vería un pez el vuelo de una gaviota?

ESTAR **QUIETO**

Dinos Maestro, ¿dónde está la felicidad?

Y él así les decía:

—La felicidad es Estar quieto. Y está en aquellos que han aprendido a estar quietos en «ellos mismos».

—Y ¿qué es estar quieto?

—Dejar que cada momento ponga en ti aquello que te trae, y dar a cada momento aquello que te pide. Eso es estar quieto de calma.

—Y ¿cómo se conseguiría esto?

—Solo cuando tu corazón se armonice con tu cabeza y tu vehículo planetario.

Tajo de Ronda

SÉ «AHORA»,
SIEMPRE «AHORA»

—Maestro, ¿qué es el dolor?

Y él le decía:

—El verdadero dolor es lo que no conoces de ti, sabiendo que está.

»El dolor del cuerpo es un desahogo para el alma. Es como el estiércol que se expulsa, y este es la enfermedad.

»El que ignora las leyes de la vida cree que es un castigo el dolor, y por ello corre a combatirlo. El sabio lo acepta y de esta forma lo trasciende. Porque lo que está escrito, escrito está, mas lo que se está escribiendo se puede modificar.

»No pienses sobre el dolor de hoy, sino sobre la gloria que mañana te traerá. No pienses sobre la gloria de hoy, sino sobre el dolor que mañana te traerá. Sé «ahora», siempre «ahora»; porque un paso nunca vuelve atrás sobre la arena del tiempo.

LIMPIA TU MENTE Y TODO SE LIMPIARÁ

Y uno le preguntó:

¿Cómo sabremos qué nos enseña el atardecer y cómo nos enseña la mañana y cómo nos trae conocimientos cualquier circunstancia?

Y él le dijo:

—Mira que cada cosa de fuera de ti es un espejo donde te contemplas. Si la nube de la angustia llena el horizonte de tu corazón, verás una nube de angustia en cada corazón. Si la calma viene a sentarse en medio de tu pecho, verás que cada uno también lleva sentada la calma en su pecho. Si tu cabeza es la guarida donde se esconden pensamientos de odio, de rencor o de envidia, cuando andes por las calles de la vida solo verás pasar por ellas al odio, y sentado en las terrazas verás al rencor, y parada en cada esquina a la envidia.

»Y dirás: «¡Desearía volar más allá de estas calles porque están contaminadas y querría ir más allá de los muros de esta casa para sentir el campo limpio de la pureza!».

»De verdad te digo: limpia tu mente, y todo se limpiará. Limpia tu corazón, y todo se limpiará. Limpia tu cuerpo, y todo estará limpio. Ignorante es aquel que, viendo lo de fuera sucio, no se da cuenta de su suciedad y dice: »Me adentraré en mi corazón para limpiar mi templo, porque su altar está sucio y su luz atenuada». Ignorantes son aquellos que desean limpiar su templo en el templo de los demás, y todos los días y todas las noches de su existencia piensan que el mal está fuera de ellos y no en su corazón.

»Mira los jilgueros, y mira los ruiseñores y mira el chamariz: ¿quién les diría: «Tu canto no es armónico?».

»Mira los almendros, los nogales y los chopos: ¿quién les diría: «Tu crecimiento no es armónico?». ¡Cómo, entonces, se diría esto del hombre!

»¿Cuánto aprendería un espíritu crítico si supiera que se está criticando en voz alta a sí mismo cuando critica a alguien?

»Cada cosa tiene su lugar y cada uno tiene su camino. Solo aquel que no lo conoce está siguiendo los caminos de otros hasta que encuentra el suyo.

»¡Bendito aquel día en que lo encuentra, porque ha nacido de nuevo! Solo a partir de ese día le dirán algo los atardeceres, le dirán algo las mañanas y le hablarán las flores. Empezará a andar con la naturaleza, y su lengua será como la de los pajarillos, y sus manos serán como los ríos, y sus ojos serán la vida que mira a la vida.

SOBRE EL DAR Y EL RECIBIR

Un día, de entre los días que coronan los años y nacen del respirar de la Tierra, paseábamos con el maestro por entre las callejuelas tortuosas y frescas de Medina Runda. Y todo era quietud, porque emanaba de él, que iba en nosotros.

Hablábamos sobre el dar y el recibir, cuando vino un mendigo y, postrándose ante Abul Beka, le dijo:

—Hermano, haz que este pobre cuerpo tome hoy comida; porque muchos son los días y las noches que ayuna.

»Dame una limosna y pediré al Gran Profeta para que por ti eleve súplicas al Cielo.

Mas él le dijo:

—Hermano, si yo doy algo has de saber que tan solo soy el medio, pues aquello que te doy sale del sudor de la Tierra y del trabajo de «sus» manos.

»El trigo no es tan solo el grano. Es la tierra y el agua unidas al tiempo y a la voluntad del sol. Y hasta los vientos participan en su madurez. Así pues, cuando lo sacrificas para tu alimento, estás sacrificando toda su evolución y a ti mismo también te sacrificas. Mas son muchos los que creen que aquello que poseen o les ha dado la vida es de ellos. Es por estos por los que tienes que pedir, para que dejen de hacerse daño. Porque si yo te doy, no sigo al hacerlo sino la voluntad del Cielo. Pero si guardo para mí lo que te pertenece, es porque estoy más necesitado de ti que tú de mí, y aun sin darme nada, eres tú quien me ha dado.

»Toma pues y alimenta tu cuerpo con estas monedas y a tu espíritu con estas palabras para que también tú te realices en el dar.

Y, volviéndose a nosotros, nos dijo:

—¿Qué sería de aquellos que dan si no hubiese nadie a quien dar? Más aún: los que están para recibir ¿no son quizá aquellos que siempre dieron?

TODOS LOS UNIVERSOS

—Solo un canto quiero para mi corazón y un camino para mis pasos. Solo quiero un vuelo para mi alma y una voz.

»Del torrente he tomado el impulso. Del águila he tomado su discernimiento. He aprendido a elevarme por encima de las circunstancias que empañan los momentos que forman los días que forman los años de una existencia.

»De las hierbas que bordean los arroyos he aprendido el sufrimiento. He tomado del viento el estar en todas partes. No dejo de estar en ninguna parte al ir de una a otra.

»Del jilguero cautivo aprendí a cantar el sufrimiento y del canario, a olvidar la libertad para empezar a ser libre. Del chamariz vi la utilidad de lo pequeño y del gorrión, la belleza de lo vulgar. Y he aprendido del árbol el canto del desprendimiento sin pedir nada. Entre sus ramas he visto la lucha de las polaridades. He visto entre sus ramas todos los universos y más allá de los universos. He bajado a su raíz para tomar de ella el gran ejemplo del silencio de lo oculto.

»Después he visto que mi frente estaba llena de estrellas y mis brazos eran nebulosas y mi pecho un sol de soles. Y todo cuanto salía de mi boca era un canto de todos los universos a la existencia.

»He abierto la boca y he visto que nacían nuevos mundos. He abierto los ojos y me he visto fuera llenándolo todo.

»Y he tomado un solo canto para mi corazón y un solo camino para mis pasos. Ese canto es el canto que nace de todos los cantos. Ese camino es todos los caminos buscando: desde la rosa que busca al sol en su leve vuelo por la primavera, hasta las estrellas que buscan al sol de las estrellas.

CANTAMOS LA **MISMA HISTORIA**

Un atardecer se encontró un zorzal con un jilguero.

—Hermano, dime: ¿dónde aprendiste las leyes de la melodía y del canto? Yo por más que esfuerzo las notas de mi garganta lo único que consigo es lanzar sonidos monótonos y nada armónicos.

Y el jilguero le dijo:

—¿Es que no sabes de todas las generaciones en que mis antepasados estudiaron y filtraron el viento de nuestro respirar hasta lograr que saliera transformado en un trinar armónico? Tus antepasados apenas prestaron atención a ello, porque más bien estudiaron el cómo pasar desapercibidos.

»Tú haces de tu historia algo monótono y yo hago de mi historia algo poético; pero ambos cantamos la misma historia.

»A ti te aprecia el hombre porque le ofreces en tu cuerpo un buen bocado para satisfacer su hambre.

»A mí me aprecia el hombre porque le ofrezco una buena melodía para alentar sus días llenos de monotonía. Al morir, tú con tu cuerpo y yo con mi canto, alegramos al hombre en su diaria muerte.

ENTRE LOS CABELLOS **DEL VIENTO**

Y le dijo un jazmín a una rosa:

—Mi hermana, dime: ¿qué sientes siendo rosa al tocarte la mano del viento y acariciar tus pétalos?

Y la rosa le respondió:

—Siento el fruto de todos mis esfuerzos desde cuando era tan solo una esperanza y aún dormía dentro de mí la inquietud por ser hermosa.

Y la rosa miró al jazmín y le dijo:

—¿Y tú? ¿Qué sientes tú?

El jazmín le susurró sonriente:

—Yo no siento nada. Tan solo doy todo mi aliento para diluirme entre los cabellos del viento y llegar a perfumar todos los rincones de su cabeza.

Y una tarde vino la mano del viento y sacudió con tal ímpetu al jardín que deshojó a la rosa y al jazmín.

Y el espíritu de la rosa sufrió mucho al ver que ya no tenía forma de rosa; mas el espíritu del jazmín se sintió dichoso al notar que tenía menos vínculos con la forma del jazmín y podía ser más todo el ambiente.

Callejuela sin salida (Ronda)

EL SABER

Y decía:

—Un hombre es infeliz porque pide más de aquello que se le puede dar. Por eso, los sabios no saben porque se plantean saber más, sino porque administran con toda amplitud el saber que se les ha dado.

»¿Qué diríamos de un manzano que deseara crear almendras? ¿Qué diríamos de un ciprés que deseara tener la imagen de una encina?

»Solo los llamaríamos ignorantes, porque dejando lo que pueden dar, quieren dar aquello que nunca darían.

VIVIR COMO **LOS PÁJAROS**

El zoco de Medina Runda está situado en su parte alta, detrás de la mezquita. Aunque son muchos los días que se extiende por otras calles buscando el río y a las gentes que vienen de otras partes.

Y Abul Beka había ido aquella mañana al zoco con sus hermanos. Viendo que unas palomas arrullaban nerviosas buscando la salida de una jaula, donde estaban presas, les dijo:

—Mirad cómo el hombre, prisionero de sus ideas y principios, no permite que otros seres sean libres y también los esclaviza.

»¿Qué culpa tienen los pájaros del cielo o los peces del agua o los animales que pueblan la tierra de no tener en el hombre a un rey, sino a un tirano?

»Mas a estas palomas podríamos darles la libertad con dos monedas. Pero ¿cómo podríamos comprar la libertad de un avaro? ¿Acaso no se la acrecentaríamos si le diésemos dos monedas? ¿Cuántos hay que no dan de comer ni comen? ¿Y cuántos hay que, cuando lo hacen, lo hacen de noche para que el día no vea su abundancia?

Y uno de sus hermanos le dijo:

—Maestro, ¿cómo es posible que tomemos lo que es de todos y lo vendamos?

—Aunque los Cielos dejen hacer esto a los hombres, de verdad te digo que el que vende acaba siendo vendido, y el que compra termina por vender. Solo aquellos que toman su cuerpo por hato y viven como los pájaros, ni entran en el comercio ni se manchan.

LEVÁNTATE

Y a uno de sus discípulos le pidió la gente que les hablara del maestro, que entonces se encontraba ausente de Medina Runda.

—¿Qué os podría contar de él? –dijo–. Él hizo que mis alas se ensamblaran con el bálsamo de sus palabras y se alargaran en un ansia de buscar la Luz.

»¿Qué os podría contar de él? Cuando todo era sueño y oscuridad en mi alma, vino y puso su mano sobre mi cabeza, y se me abrió el corazón como una granada y los ojos a un Mundo Nuevo.

»Un día en que colgaban los frutos de los árboles como un regalo y la tierra tomaba nuestros pies y los bañaba en el aroma de las hierbas y las flores, íbamos caminando por el sendero de los Huertos. En un recodo vimos a un hombre tendido; su cuerpo estaba cubierto de andrajos y su piel era amarilla y ceniza, y había en su cara una expresión como si se le hubiese ido la vida.

»Él se acercó a su lado y le tomó la mano, y después me miró como dolorido. Se quitó su levita y le vistió con ella. Después le tomó entre sus brazos y así le hablo: «Hermano, vuelve a la vida. Aún no ha llegado el tiempo en que la dejes. Conozco tu historia y sé que sería para ti una alegría la muerte, mas piensa que todavía no has completado aquello que pediste antes de venir a ella. Y ahora respira por mi pecho y mira por mis ojos. Come por mi boca y camina en mis pies. Porque de verdad te digo que hasta ahora estabas muerto, mas desde ahora ven y anda en la vida».

»Y aquel hombre se movió y abrió los ojos y le dijo: «¿Quién eres tú, que cuando nadie se ocupa de mí, cuando solo me atienden las laderas del camino, así me hablas? Nadie antes me habló así, ni me dio vida con sus palabras, ni ahondó en mi corazón con ellas. He de seguir viviendo aunque tan solo sea para agradecerte lo que me has dado».

»Y el maestro le miró con aquellos ojos que no sabría nunca describir, porque tenían a la vez toda la paz, la alegría y la tristeza del mundo. Y bajo... muy bajo, le dijo en un susurro: «Levántate porque hay otros que también te esperan en los caminos. Dales tú aquello que hoy se te ha dado a ti».

EN LA BOCA DE DIOS

Y señalando al cielo, así decía:

—Mirad que cuando aprendáis a ver vuestro cielo interior, este que veis hacia fuera os parecerá oscuro y dormido. Y os parecerán mortecinas las estrellas y los soles serán como llamas de linternas.

»Porque la Luz del Espíritu es la vida y nunca se podrá ver con los ojos de la materia, ni sentir con el corazón de la materia, ni hablar con la voz de la materia.

»Solo mirando con el ojo del espíritu se puede ver cara a cara el Espíritu, y solo sintiendo con el corazón del espíritu se puede llenar uno del espíritu, y solo cuando habla en uno la voz del espíritu se puede hablar al espíritu en cada uno.

»¿Cómo podría hablar la raíz de la rama? Y ¿cómo podría hablar la tierra del aire o el fuego del agua? Y sin embargo se complementan y al unirse dan la vida.

»Mirad cómo las raíces, en su silencio, alimentan a los tallos y a las hojas que nacen en la luz. Mirad cómo el agua en silencio las alimenta, y cómo el aire en silencio las alimenta, y el fuego y la tierra. Y ¿acaso piden algo? ¿Acaso en el darse ya no se están dando a ellos mismos, y en el desprenderse no se están llenando?

Preguntaos qué os eleva y a qué eleváis, y más tarde hacedlo bien; porque como culmina una manzana en la boca del hombre integrándose en él, así culmina el hombre en la boca de Dios integrándose en Él.

¿CÓMO **SE ENSEÑA LA** SABIDURÍA?

Maestro, ¿cuál es el Gran Secreto?

Y él le dijo:

—Nada hay secreto; son los niveles del hombre los que hacen que sea secreto para él todo aquello que no ve a su nivel. La diferencia entre un sabio y un ignorante es que el sabio ve su sabiduría por todas las partes donde el ignorante solo ve su ignorancia.

Y de nuevo le preguntó:

—¿Y cómo se enseña la sabiduría?

Entonces el maestro, mirando una flor, le dijo:

—Una flor, si le preguntas, nunca te podrá explicar cómo ha nacido. Obsérvala y te abrirá sus secretos.

—Pero ¿viene de alguna parte la sabiduría?

El maestro le contestó:

—¿El viento viene de alguna parte? ¿El agua viene de alguna parte? Si te pones a buscar de dónde vienen, te encontrarás con el ciclo o el círculo. Si no buscas: estará.

—Entonces ¿qué nos recomiendas para ser en nosotros sabiduría?

—Date cuenta de que todo aquello que está fuera de ti eres «tú mismo» según la adaptabilidad y el nivel.

LA NOCHE
DE UN NUEVO DÍA

La neblina del tiempo se extiende sobre la cara de la Tierra, como el velo oscuro de una viuda. Y en los ojos de la Humanidad se apaga la llama porque la hermana tristeza se ha sentado en medio del iris.

»El hombre se levanta todos los días pero ya ha olvidado el canto de la alondra, y como un niño anda de la mano de la incertidumbre y la incredulidad buscando los reflejos de su rostro perdido.

»Y su cara guarda los sufrimientos como las hormigas guardan el trigo. Y su pecho oculta los sentimientos porque el temor cubre las calles de su existencia.

»Su frente está llena de pensamientos contrarios, que como espinas se clavan en sus días y sus noches y no dejan que desperece las alas del conocimiento ni se siente en la mesa de los ángeles.

»No puede sentarse en la mística soledad de los cipreses ni puede acompañar el alegre vuelo vertical de los chopos. Ni retorcerse de placer con los olivos. No puede ni acompañar a los niños. Ni hablarle al sol. Ni tan siquiera contarle sus inquietudes a la luna.

»Ha aprendido de la serpiente la humedad de la tierra y se ha pegado a ella como una piedra, pero ha cerrado los ojos a las enseñanzas de los pájaros.

»Algunos han venido y han dicho: «Vuestros deseos de volar han sido escuchados por los Ancianos de la Vida. Estas son sus normas para que remontéis el vuelo».

»Mas ellos no quieren saber que el vuelo nace moviendo las alas. Y es más vuelo por el ansia de ir a otra parte.

»¿Qué pajarillo, cuando enseña a otro a volar, lo hace dentro del nido? ¿Y qué ruiseñor se escucha a sí mismo en su canto y se mira en el espejo del eco y se dice: «¡Qué hermosa alabanza sale de mi garganta!?».

»Mis ojos se cubren de lágrimas cuando miro la casa que ha creado el egoísmo sobre el hogar en que nos ha sembrado el Cielo. Pero mi corazón se llena de alegría y canta porque es esta la noche de un nuevo día.

»Y, como la espera se sienta a descansar al borde de una fuente para tomar fuerzas, la Luz se ha sentado al borde del mundo para después levantarse sobre las montañas y los valles del corazón de la Humanidad. Entonces, por siempre, reinará sobre la Tierra.

ESPERANDO
NUEVOS RETOÑOS

Medina Runda se confunde en la meseta bajo el sueño de la noche. A lo lejos se oyen las notas cortadas de un canto, de una plegaria que parece expandirse por el viento y el eco de las calles.

Abul Beka, dirigiéndose a los suyos en la quietud del hogar, les dijo:

—Llegarán días en que este descanso de la noche sea alterado, en que sean rotos estos cielos y hasta la misma luna sienta vergüenza y se oculte.

»Llegarán días en que no se pueda salir a las calles a disfrutar del aire fresco de la noche o a contemplar la esperanza de las estrellas.

»Y todo será cubierto por un velo de inestabilidad, porque la misma tierra se negará a dar más frutos y los mismos cielos a donar su agua.

»Hasta las golondrinas no querrán hacer más nidos junto a los hombres. Mas se preguntarán unos a otros, y se echarán la culpa, y se matarán entre ellos, como si el mal no estuviera en ellos mismos.

»Muchos llorarán pero ya será tarde. Habrá muerto la aurora y la vida se quedará quieta en el tiempo, esperando nuevos retoños que se críen en la quietud y la paz y no en el comercio o la rapiña de la muerte.

»Sí, muchos murmurarán aterrados: «¿Qué hemos hecho?», y esto los despertará; más aún, habrá otros que, viendo como todo se derrumba día a día, levantarán altares para esperar que el cielo les ayude a salvar cosas que ellos mismos perdieron con su egoísmo.

UNA CORONA
DE TOMILLO Y ROMERO

Un día de entre los días, vino Abul Beka a un pueblo de cal sobre las sierras. Y sus casas se fundían con las rocas y parecían cuevas de nieve.

Un río regaba sus pies de aguas transparentes como los rayos de la aurora: era su nombre Setenil.

Y salían muchos de sus casas para ver y escuchar al poeta. Y las calles se llenaron de flores y el aire de incienso, porque eran muchos los hermanos que allí tenía.

Él se decía: «¿Cómo es que me aman si no comprenden mi voz? ¿Quizá ha llegado ya el tiempo en que sepan los árboles que dan frutos y los ríos que calman la sed? ¿Ha llegado el día en que mi palabra va a tomar en sus corazones el cetro del sentimiento? Porque ¿qué soy yo si mi voz no cabalga en las monturas de sus conciencias? ¿Qué hace la lluvia sobre los tejados sino resbalar hasta el suelo buscando las semillas?».

Y vino un niño con una corona de tomillo y romero de las sierras y le dio un beso al poeta en la frente porque en él venía el pueblo.

Y Abul Beka no pudo evitar que se moviese su corazón y lloraran sus ojos.

Y les dijo:

—Mi espíritu vuela con vuestras alegrías, y ni tan siquiera el cóndor subirá hoy más alto. Os traigo la paz desde la otra parte. Porque qué importa que nos separen al andar las montañas y los valles, los ríos o las estaciones. Un pájaro que hoy duerme aquí mañana hace su nido allá. Y el viento que hoy siembra vuestros campos mañana fecunda los nuestros.

»No pongáis vallas donde la naturaleza tan solo pone amor y nunca toméis aquello que cree separación entre vosotros, porque no olvidéis que un mismo Cielo os habla y una misma Tierra os cobija.

...HASTA DESNUDAROS

Maestro, ¿qué nos dices de la Angustia?

Y él se sentó junto a ellos y así les decía:

—Mi corazón se entristece y mi frente se cubre con un paño de sudor cuando siento que la angustia visita vuestras casas; porque casi siempre la llama el hermano miedo. Y ¿a qué tenéis miedo, hijos de los hombres? ¿Acaso teméis perder vuestros vestidos? ¿Perder los vestidos de vuestros vestidos? ¿Perder las sandalias que cubren vuestros pies y los tejados que cubren vuestras cabezas?

»Si la vida os trajo sin nada, ¿qué teméis perder? ¿Por qué no os dais hasta desnudaros para no deber nada a la vida? Y entonces, hasta daréis el miedo y la angustia.

»Ella hace que las horas anden muy despacio y desgarren los velos que cubren la serena morada de vuestro silencio interior.

»Mirad las flores del campo y los árboles y los caminos que hacen lo que han de hacer y no conocen a la angustia. Miradlos cómo se visten de colores sin vestirse de suntuosidad, grandes en su sencillez.

»¿Qué camino se retuerce y vuelve sobre sí mismo? ¿Qué árbol, después de dar los primeros pasos hacia el sol, le vuelve la espalda?

LAS POBRES HORMIGAS

Uno vio un hormiguero, y se compadecía de las hormigas que afanosamente iban buscando el alimento para llenar sus graneros y así poderse proteger de la fría mano del invierno.

Entonces tomó algunos granos en sus manos y dijo:

—Pongámosles estos granos a la puerta del hormiguero y así lo llenarán antes.

Y viendo lo que hacía, el maestro así le dijo:

—Porque tú deseas la comodidad, no acostumbres a las pobres hormigas en esa comodidad, porque puedes hacerles daño en su proceso y evolución.

—Deja que ellas valoren lo que guardan por el esfuerzo que realizan para guardarlo. Mira que es el sufrimiento el que eleva; dedícate solo a dar fuerzas para que se lleve con más alegría.

Detalle de *Abies Pinsapo*

...HAS INVENTADO EL TIEMPO

Y uno muy anciano se le acercó. Y su rostro era de muchos años y sus arrugas formaban profundos surcos. Entonces con voz temblorosa le dijo:

—Maestro, mucho he meditado para encontrar el sentido del tiempo, y creo que ya me lleva de esta vida y aún no sé qué es. Háblanos tú del tiempo.

Y él se sentó frente a todos y así les decía:

—Cuando tú, hermano mío, te miras en un espejo y crees que eres lo que ves, has inventado al Tiempo. Si tú supieras que no eres este traje de carne que vistes, ¿qué te importaría el tiempo?

—Mira que para el Espíritu no hay Tiempo; mas cuando el Espíritu da vida a un cuerpo cree que es ese cuerpo y entonces padece las penurias de la materia y del Tiempo.

»¿Cuántos hay que cuando muere su cuerpo creen que han muerto? ¿Y cuántos hay que cuando ven morir un cuerpo creen que el que lo habitó murió con él?

»Pena me da de ellos, que tan solo ven con los ojos y no comprenden que los ojos del cuerpo solo pueden ver cuerpos, y con ellos la muerte de las cosas y no la Vida, porque ¿cómo se le podría pedir a una raíz que bajo tierra viera la luz del sol? Sería muy difícil hacerle comprender que está alimentando a un tallo y a unas hojas y a unas flores que son ella misma en la superficie de la luz.

LA HERMANA ENFERMEDAD

Y llegó a un lugar donde había muchos enfermos. Y la fiebre se acostaba entre ellos y comía de sus manos. Y el dolor era su almohada colectiva.

Y él fue y se sentó en medio de todos ellos, y tomando paños los ponía sobre sus frentes, y tomando su aliento lo ponía sobre sus almas. Y así les decía con consuelo:

—Benditos sois, hermanos, porque la hermana enfermedad ha decidido venir hasta vosotros a purificaros. Y sin deciros nada ha entrado en vuestros cuerpos y se ha enseñoreado de ellos.

»¿Acaso no considera el trigo una enfermedad la mano que lo corta y lo zarandea y lo gramilla y lo muele? ¿Qué diría si tuviese boca para hablar?

»Mas vosotros, que veis su transformación, decís: «El trigo vale por el pan que hacemos con él. Y él se eleva al hacerse nuestro alimento».

»No seáis ignorantes ni penséis que es castigo del cielo todo cuanto os pasa; porque en verdad que nada ocurre bajo el cielo que no sea para bien del hombre y su evolución. Pero también os digo que no siempre ocurre aquello que deseamos, sino lo que es más conveniente en nuestro ascender. Que no viene a nosotros lo que planeamos con nuestro egoísmo y nuestras limitaciones, sino aquello que con el tiempo nos hará ser conscientes y mensajeros de la luz.

DONDE MORA EL ECO

Aquella tarde retumbó la voz de Abul Beka en todo el valle y llegó hasta la montaña donde mora el eco. Y cuando este respondió, así les decía a las multitudes que le escuchaban:

—¿De qué sirven mis palabras si hacen eco en vuestros corazones sin dejar huellas? ¿De qué sirven mis gritos si no encuentran en vosotros una estancia donde guarecerse y vestirse con los actos? ¿De qué sirven mis hechos si volvéis vuestros ojos porque os hieren?

»En verdad os digo que es más fácil mover esta montaña que mover a un corazón que no desea moverse.

»En verdad os digo que todo el viento del mundo no cambiaría una sola hoja del árbol de la apatía.

»¿Cuándo comprenderéis, hijos del hombre, que el camino se hace andando? ¿Cuándo veréis que los pies que sangran son los únicos que pueden dar testimonio del sendero? ¿Acaso si queréis ver el sufrimiento de una flor os iréis a preguntarle a una flor de invernadero, que hasta el calor lo tiene graduado?

»¿Qué árbol dará mejor fruto sino aquel que, venciendo a la tierra, se expanda por encima de ella y no se cobije detrás de los muros?

»No he venido para hacer ecos de mí. He venido a haceros creadores de ecos y maestros en vosotros mismos.

VOLVERÁN A TU MEMORIA

Un día iba Abul Beka paseando por el zoco, donde hay manos que dan y toman pero esclavizadas por las cadenas del dinero.

Y se acercó uno de los muchos que allí había y, poniéndose delante, le dijo:

—¿Por qué alteras nuestras cabezas? Déjanos en la paz de nuestras ignorancias y en la profundidad de nuestras cegueras. ¿Qué traes a nuestras bocas llenas de hambre o a nuestras manos llenas de llagas?

Y después empezó a injuriarle.

Y Abul Beka, sereno como una tarde de primavera, le dijo:

—Hermano, si en algo es verdad aquello que de mí dices, pido al Cielo que me perdone. Más aún, pido todavía más al Cielo, que te perdone si eres tú el equivocado.

»Has de saber que nadie te obligó a escuchar mi voz, y así como yo no obligo a que nadie me siga, tampoco tú debes impedir que lo hagan aquellos que lo deseen en sus corazones. Mas no trates de cerrar tus ojos cerrando también los de aquellos que te rodean.

»Y no olvides que no todo lo bueno se ha de comer, porque también has de alimentar a otras partes de ti mismo que no son el cuerpo físico.

»Ni tampoco olvides que no por pararte en el sendero de la vida y contentarte con la ignorancia no te exigirás algún día avanzar.

»Aquel día volverán a tu memoria mis palabras de hoy y entonces ya las verás vivas. Pero no por ellas, sino porque tú ya vivirás.

Iglesia de Santa María la Mayor

LA AMISTAD

Y un joven vino hasta él y en sus manos traía un pajarillo, y así le dijo:

—Maestro, vengo a darte a mi amigo.

Y el maestro le dijo:

—¿Cómo tú me puedes dar a tu amigo? Aunque me dieras este pajarillo, no me darías a tu amigo, porque la amistad no se puede dar.

»La amistad no es algo que nace cuando queremos o que ahogamos cuando lo deseamos. La amistad es el lazo del amor y la atadura de la comprensión. Y viene por sí sola y en silencio.

»¡Cuántos hay que se llaman amigos y cuando el destino les da la espalda, ellos también se dan la espalda!

»¡Cuántos hay que se llaman amigos y a lo más se ocultan unos a otros sus faltas y se hacen unos a otros daño ocultándose sus vicios!

»¡Cuántos hay que se dicen ser amigos entre sí, mas cuando viene la lluvia de la penalidad y tan solo hay una choza, luchan por conseguirla unos contra otros!

»¡Y cuántos de aquellos que llamamos enemigos a veces son nuestros verdaderos amigos! ¡Cuántos de aquellos que siempre tuvimos por nada en un momento lo pueden dar todo, y no pedir ni tan siquiera que se los llame amigos!

...Y NO DESESPERÉIS

Y tomó a los hermanos más íntimos y así les hablaba:

—Vosotros sois los frutos de esta generación, y la mano del cielo, unida a la del tiempo, os sembrará donde deis ciento por uno.

»Mirad que si vosotros no florecéis, ¿qué será del Árbol de la Luz? ¿Se quedará extinguido? ¿Será absorbido por las hierbas de la ignorancia?

»¡Cuántas semillas se perdieron entre las montañas de la incertidumbre y las laderas de la vanidad! ¡Cuántas otras fueron a parar al agua de las rencillas y los resentimientos, ahogando sus frutos!

»¡Cuántas volaron con el viento de las tentaciones y cuántas sirvieron de alimento a las aves de la violencia!

»Mantened alerta vuestros corazones y proteged vuestro tesoro oculto. Sed vuestros centinelas día y noche; y no desesperéis porque el día viene en que los campos estén preparados y arados para recibiros.

»Y cuando venga hasta vuestra puerta la rutina, disfrazada de comodidad, diciéndoos: «Hermano, ábreme porque tengo frío y deseo entrar», no le abráis ni dejéis que se siente sobre vuestro corazón, porque ella lentamente mataría vuestra semilla y estancaría vuestro conocimiento. Antes bien, oponedle su hermana la actividad, llevada siempre de la mano de la caridad; porque la caridad debe ser la única reina de vuestro corazón.

LA MÚSICA DE LA NATURALEZA

¡Oh Medina Runda!, la de los grandes y profundos tajos. La de las estrechas calles. La eterna doncella postrada a la orilla del Guadalevín. La flor de loto de la meseta.

»Vendrán días, cuando mi cuerpo vuelva a la tierra y mi espíritu al aire, en que mi ser volará libre por tus campos y florecerá en tus flores y arrullará en tus palomas. Entonces mis palabras habrán florecido en vosotros y aparecerán ramilletes de nuevas palabras que despertarán nuevos corazones. Vendrán nuevas bocas por las que hable mi espíritu y otras manos que los materialicen en el papel del tiempo.

»Y de nuevo vendrán aquellos que teniendo alas no quisieron volar y que por no saber las anularon.

»Vendrán aquellos que reían trasluciendo con ello su ignorancia. Y aquellos que no quisieron leer el Verbo y se conformaron con las palabras.

»Porque vosotros que me oís y que aleteáis con mis palabras no sois sino aquellos a los que antes hablé muchas veces, pero dormíais. Y os invité muchas veces a mí, pero rehusasteis entrar.

»¡Cuántas veces al día pasáis por los jardines y no veis sus flores!

»¿Y acaso por ello no existen?

»De verdad os digo que todo se encuentra frente a vosotros y siempre se os está hablando. Mas preferís seguir las elucubraciones y las corrientes de vuestras mentes enfermizas a buscar la Verdad y seguirla.

»Muchos de vosotros decís de palabra: «Es el medio el que tira de mí y las circunstancias las que nublan mi espíritu».

»Y yo os diría: ¿acaso si te abrieran la puerta de la jaula que tú mismo creaste con tu conformismo podrías volar? ¿Podrían remontar el vuelo tus pobres alas aletargadas por el sueño?

»Mas si eleváis noche a noche los ojos hacia el Cielo estrellado buscando, él os dará la respuesta y la solución.

»Y si os cultivarais en la música de la naturaleza, ella os hablaría la verdad.

No seáis pues como avestruces; porque tanto daño se hace el ignorante que no busca como aquel que pudiendo hacer no hace.

LA HUMEDAD
DE LA APARIENCIA

Y un día vieron salir al maestro de una casa donde vivía una mujer de la vida. Y una mujer del pueblo le dijo:

—¿Por qué pisas las casas donde se comercia con el pecado y pululan los vicios?

Y él le respondió:

—Mujer, más vicio y pecado hay en tu lengua y en tu pensamiento que en esta casa; porque antes de saber nada pensaste lo peor, y antes de que se acabe el día lo habrás transmitido a toda Medina Runda.

»Cuídate de ti misma y aprende a perdonar. Porque, acaso, ¿qué es un maestro sino aquel que siembra la Luz? Mira bien que muchas tierras cubiertas de escarcha, cuando viene el sol y la disipa, son maravillosas para la siembra. Y otras, que parecen muy buenas y frondosas, apenas se escarba un poco, ves que lo único que las mantiene es la humedad de la apariencia.

»¡Cuántos seres hay que por no hablarles con el corazón se cubrieron de dudas y por no atraerlos se alejaron!

¡Cuántos hay que pidieron a vuestras puertas comprensión y les disteis una paliza!

»No queráis quitar vuestros pecados de conciencia alejando a los pecadores. Rectificad vuestras conciencias y veréis que nunca existieron. Mas es muy cómodo buscar siempre a alguien a quien echar en cara algo que nunca tuvisteis valor para reconocer y rectificar en vosotros mismos.

DAME TU MANO

Un día, de los muchos días que son como notas en el curso de la vida, iba por una calle y vi a un anciano tendido sobre el suelo, y su cuerpo estaba frío y su cara descompuesta. Mi corazón se abrió y fue hacia él para socorrerlo, pero mi cuerpo no podía levantarlo. Entonces le dije a un hermano que pasaba: «¿Puedes venir a ayudarme a levantar a este hermano para llevarlo a mi casa?».

»Y él me respondió sin pararse: «¿Cómo iba a perder el tiempo en levantar a hermanos que se dejan vencer por el alcohol y los vicios, y después no pueden, apenas, valerse de sí mismos para guardar el decoro?».

»Y vino otro, que se acercó y, mirándolo, dijo: «¡Pobre hermano, debe de estar enfermo! Debes llevarlo a un hogar y abrigarlo y darle de comer y medicarlo».

»Y yo le dije: «Ven, dame tu mano y uniremos las fuerzas para llevarlo a mi casa», pero él me respondió mientras se iba: «Aunque quisiera no puedo, porque el tiempo se va como una paloma y no vuelve, y hay muchos que me necesitan».

»Y allí me quedé, con dolor de corazón, viendo cómo se iba la vida de la cara de aquel hombre. Y entonces grité: «¡Oh Humanidad, ¿hasta dónde ha llegado tu insensibilidad que ves cómo tus hijos caen y no tiendes las manos de tus otros hijos para levantarlos, que buscas argumentos para mantenerlos separados, que buscas excusas para no hacer lo que dicta tu corazón?». Y unos cerraban las ventanas y otros decían: «Callad a ese loco que entorpece nuestros sueños».

»Y cuando las lágrimas aparecían por el horizonte de mis ojos, vino un niño y me dijo: «Dame tu mano, y con tu fuerza y mi fuerza llevaremos a nuestro hermano a tu casa».

EL ALETEO DE LOS PAJARILLOS

Y hubo uno que vino y, sentándose a su lado, lloraba. Y Abul Beka le miró y le dijo:

—Hermano, ¿por qué lloran tus ojos y tu corazón se conmueve? ¿Acaso hay una pesadilla que vive tan intensa en ti que te lleva con ella?

Y él, que llevaba por nombre Ben-Yusub, le dijo:

—Maestro, aunque trato de contenerme, no puedo reprimir el dolor, y las lágrimas resbalan por encima de las murallas que pone mi pensamiento. Mi hija, cuando apenas la había tocado la luz de la juventud, se ha torcido como una caña rota por el viento. Sus alas se han desplegado y se ha ido de nuestra presencia la luz de sus ojos. Aún no había tocado la primavera su cuerpo y un dolor se la ha llevado.

Y Abul Beka le habló así:

—No te ates a aquello de lo que la vida tan solo te ha hecho su portador. Ese ser que vino a ti y te tomó por padre y después se fue en el silencio, sin permitir ni tan siquiera que posaras las manos del cariño sobre él, sigue su camino y realiza su cometido en la escuela de la evolución. Y mira que si se ha ido es porque más necesario es en otra parte. No cortes, con tu ignorancia y tu egoísmo, el aleteo de los pajarillos, porque muchos hay que creen tener contentos a los pajarillos cuando los mantienen enjaulados, y muchos hay que creen que cuando cantan es porque su canto es de alegría. Mírate tú en ellos y verás cuánto dolor guardan sus trinos. No llores, pues, porque tu pajarillo abrió la jaula y salió de ella por un tiempo.

»Si supieras lo que es la muerte para un ser que se ha realizado en la vida, ahora estarías contento.

Y él le preguntó:

—Pero ¿cómo se iba a realizar el pequeño ser de mi hija si apenas ha andado por esta vida?

Y Abul Beka, sonriendo, le dijo:

—No siempre se viene a hacer grandes cosas, ni a vivir mucho tiempo. Lo que ella vino a hacer te aseguro que se lo lleva hecho; porque el camino no está en la cantidad de pasos que se den, sino en cómo darlos. Mira y medita en todo esto, y la paz del conocimiento vendrá a ti.

EL ESPÍRITU DE LA HIGUERA

Y así hablaba Abul Beka:

—Hoy me he sentado a los pies de una higuera vieja como todo un siglo. El cansancio me ha vencido y he dormido bajo sus ramas. Entre las cortinas del sueño he visto al espíritu de la higuera, que, sin hablar, me decía:

»Hermano, sensibiliza los corazones de tus otros hermanos para que nos comprendan. Ellos creen que no sentimos sus hachazos ni sentimos cuando una mano corta nuestros tallos aún no maduros por el tiempo. Piensan que no vemos con dolor cómo los padres mal aconsejan a sus hijos desde pequeños y los dejan hacernos atrocidades.

»¿Qué daño puede hacer un árbol?

»¿Qué daño os puede hacer una flor para que la cortéis en su vida?

»Tenemos entendido que esto es muestra de cortesía y de amor entre muchos de vosotros; mas, ¿acaso no comprendéis que esta muestra de amor la realizáis a través de la muerte de una vida que no os pertenece?

»No fuisteis puestos sobre la Tierra para destruirla, poco a poco, con vuestro egoísmo, sino para transformarla con el amor.

»Habéis conseguido que casi todo en la naturaleza os tenga miedo, y sin embargo aún os seguimos manteniendo y os devolvemos bien por mal.

»Los pajarillos huyen de vosotros y no desean vuestra amistad. Para mantenerlos a vuestro lado es necesario que construyáis jaulas y los encerréis tras sus barrotes.

»Las flores se marchitan en vuestras casas porque creéis que tan solo las alimenta el agua y la tierra, y no comprendéis que necesitan vuestro amor.

»Cortáis terrenos y los valláis; y separáis a un árbol hermano de otro árbol hermano. Levantáis las tierras a vuestro antojo, solo para vuestro beneficio. Tomáis lo que no es de nadie y decís: «Esto es mío y por ello su vida y su muerte me pertenecen». Creéis que por sembrar una semilla ya habéis creado el fruto, y decís: «Es mío, haré de él lo que crea conveniente».

»Pensad que muchos hermanos míos se sentirían gustosos de morir para contribuir a vuestro bienestar, mas no para contribuir a vuestra ceguera devastadora y sin sentido. Muchos hermanos míos del aire se matarían a sí mismos para ofrecerse a una boca que tiene hambre; más no a una boca que tiene gula.

«Tan solo os pedimos, hermanos, un poco de amor».

EL SUEÑO QUE OS ENVUELVE

Y le dijeron:

—Maestro bueno, háblanos de la muerte.

Él, tomando la palabra, así les decía:

—Lo que llamáis vida no es sino la muerte de las cosas. Aquello que veis con los ojos es la muerte de ellas. Y aquellos que se dejan llevar por ellas están muertos, aunque andan y hablan.

»Las calles y las plazas están llenas de muerte y, sin embargo, para adorarla vais a los cementerios.

»Muy pocos son aquellos que viven en esta existencia. Y menos aún, los que son conscientes de este despertar y lo llevan a sus hermanos como el mayor apoyo para que vuelvan a la vida.

»Es tan profundo el sueño que os envuelve que hasta habéis acoplado «la palabra de vida» a vuestro sueño y ha perdido la fuerza en vuestras bocas y en vuestros corazones.

»Es tan pesado vuestro sueño que soñáis que despertáis cuando lo que hacéis es roncar más que antes.

»Mirad vuestros corazones. Despertad vuestras conciencias. Llenad vuestros días y vuestras noches de sacrificios; porque tan solo de esta forma encontraréis la llama de luz que os desperece hacia la vida.

FLORES DE PAPEL

Un día reunió a mucha gente y, llevándola junto a la falda de una montaña, así les hablaba:

—Mirad que lo que me hace hablar no es el impulso de mi lengua, sino el impulso de la sed de Verdad que hay en vuestros corazones.

»Sabed que hay muchas cosas que no os puedo decir. No porque no quisiera mi corazón sino porque vuestros oídos son aún sordos a ellas. Y, entonces, decidme: ¿Para qué derramarlas por el viento si son más preciadas que las piedras preciosas y que las gemas y que todo lo que atesora la ciencia del hombre? ¿No sería mejor guardarlas para cuando vuestros oídos estén maduros y vuestros ojos tengan luz?

»Porque sabed que cada cosa tiene su tiempo, y lo que el espíritu humano comió en una época y le dio la saciedad, le puede producir hambre en otra época y llevarlo a la muerte.

»No seáis como aquellos que cortan su tiempo de una forma e imponen cortar todos los tiempos de la misma forma. Ellos son fanáticos del conocimiento y tan solo se quedarán en las superficialidades sin comprender aquello que les dio origen. Son como las flores de papel que a lo lejos parecen flores, mas al acercarnos vemos que solo llevan la apariencia.

Y uno se levantó y le preguntó:

—¿Por qué el ser humano es tan dado a estancarse y ver con ojos de miedo todo lo nuevo?

Y él le contestó:

—Imaginad a una persona que trabajó gran parte de su vida en hacer los cimientos de su casa. Si cuando ha terminado y empieza a construir solo aguanta dos plantas, querrá que toda la ciudad tenga tan solo dos plantas.

EL ORO ES COMO UN VELO

Y sentándose con todos sus hermanos en la plaza de las Esmeraldas al lado de las fuentes, así les decía:

—Un día un padre moribundo llamó a sus hijos y les dijo: «Hijos míos, se acerca la hora de mi salida de este cuerpo para volar en otro más sutil y andar más allá de vuestras vistas. Venid a mi lado para que os reparta los bienes que atesoraron mis manos en esta vida». Y repartió sus bienes.

»Entonces, cuando llegó el turno al más pequeño de entre ellos, este con voz dulce le dijo: «Padre mío, ¿soy partícipe de tu amor?». Y el padre se quedó extrañado, porque era el hijo al que más muestra le había dado de cariño. Y le dijo: «Bien sabes, hijo mío, que mi amor por ti es más pleno que el amor de la primavera por las flores».

»Y de nuevo le preguntó el hijo: «¿Soy partícipe de tu amor?», y el padre con dolor le dijo: «¿Acaso te he dañado? ¿Dejé de darte aquello que deseabas? ¿Acaso te miré con malos ojos?».

Y él, dulce como la miel, le respondió: «Padre mío, no me martirices pues, ni cargues mis frágiles espaldas con el peso del egoísmo. Ni marchites mi vida al unirla al oro y la plata. No venzas mis tiernas alas dándome un peso que no podría soportar. Ni entristezcas mis días atándome con cadenas de oro, ni me encierres en una jaula de marfil. Toma mi parte de tu heredad y repártela entre aquellos que aún no saben lo malo de las riquezas. Porque tienen necesidad de pan y no conocen el ocio. Yo quiero que mi casa sea este cuerpo que visto y mi hogar el mundo, y mi techo las estrellas. Déjame que me levante con el sol y coma con el trabajo de mis manos, y cada día dé a ese día mi corazón, y después, al atardecer, cuando se acerque la noche, yo la espere meditando y sereno, y le dé mi mano tranquila para irme con ella al jardín de donde vengo. Déjame no poseer nada».

»Y el padre lo miró con ojos llorosos y, abrazándole, le dijo: «Dame tú, hijo mío, de tu riqueza interior porque siempre fui un mendigo de ella. Tenía que llegar al umbral de la muerte para comprender que el oro es como un velo que tapa los ojos del espíritu y embrutece al hombre y lo hace enemigo de sus hermanos los hombres. Y yo en mi ignorancia quería empañar tu brillo y cortar tus alas. Perdóname, hijo mío».

Tajo de Ronda con la Casa del Rey Moro

MI NOMBRE...

Y las palomas parecían notas blancas en el azul del cielo, como las palabras de Abul Beka eran notas de armonía en el silencio de la tarde.

Y le preguntaron:

—Maestro, ¿cuál es tu nombre?

Y les dijo:

—No me limitéis poniéndome nombres. Bien tenéis con poner nombre a este cuerpo que visto y a este papel que hago de cara a la existencia.

»Solo aquellos que se trasciendan a sí mismos y se conozcan en sí mismos sabrán mi nombre; porque es mi nombre el que mora en todos los corazones.

»Muchos son los que han venido a esta Escuela del Mundo y han sido confundidos por sus nombres y han sido adorados en sus nombres; mas no en la verdad que dijeron y que es la que encierra su verdadero nombre.

»Sabed que tan solo se sabe el nombre de un camino cuando se recorre. Andad pues mi camino y sabréis mi nombre. Mientras tanto haceos amigos del silencio, porque mi nombre es hermano del silencio.

LA SEXUALIDAD INCONSCIENTE

—Maestro, háblanos de la continencia sexual.

Y él les decía:

—Hijos de la Tierra, ¿por qué siempre os quedáis en la superficie de las cosas y no ahondáis? ¿Por qué tomáis aquello que os interesa y desecháis aquello que no os interesa? ¿Cuándo seréis serios en esencia? Es perfecto en continencia sexual aquel que utiliza el sexo conscientemente para la procreación a través del amor. Cada vez que realizáis el contacto cuerpo a cuerpo sin este fin, estáis cometiendo una aberración que ya no notáis, porque habéis hecho de ella una norma. Mas bienaventurados aquellos que se unen un día y a una hora, y en pleno acuerdo lo hacen para ofrecer un cuerpo planetario a un espíritu hermano y darle una probabilidad de venir a evolucionar en la Escuela del Mundo.

»Bienaventurados aquellos que lo hacen con toda su conciencia y con pleno control; ellos harán que el espíritu que encarne en su casa sea elevado porque fue traído de la mano del amor y la ternura, y no por la suciedad y el desorden.

»Os digo que llegarán días en que los vientres no deseen dar hijos y las mujeres olviden que son madres. ¡Ah del mundo en esos días! Llegarán días en que los pechos redondos y abundantes estén vacíos y ya no suba hasta ellos la leche para amamantar la boca del hambre. Porque todo será prostituido, y lo blanco se tornará negro y lo negro se dirá que es blanco.

»Meditad y pensad; porque aquel que se proyecta en la continencia sin sentirlo en su corazón es tan aberrante como aquel que se entrega al acto de la sexualidad inconsciente y ciega. Solo aquellos que se conocen y la utilizan con pleno conocimiento están en el camino y proyectan la vida.

NO HAY MAYOR CEGUERA...

Y vinieron muchos que entre ellos discutían acaloradamente, y sentándose a su alrededor así le decían:

—Maestro, háblanos de la conciencia colectiva.

Y él, con majestad y calma, así les dijo:

—Os unís para enfrentaros, mas no para defender la Unidad en todas las cosas.

»Os unís para luchar unos contra otros, mas no para limar asperezas y construir.

»Os unís con las palabras y los formulismos, mas en vuestros corazones estáis distantes como las nubes de las estrellas. Y a todo esto llamáis conciencia colectiva.

»Os apoyáis unos en otros para fines egoístas que os deterioran en vez de elevaros.

»Vuestro comportamiento no es superior al de la manada de lobos que se juntan para calmar su hambre. Y vais a los espectáculos para afilar vuestras uñas de rencores y vuestras lenguas de envidia.

»¿Cuándo vuestra conciencia colectiva será olvidaros de vosotros mismos para servir al mundo?

»¿Cuándo vuestra conciencia colectiva será amaros profundamente en vuestro prójimo?

»¿Aún os empeñáis en tirar piedras sobre vuestras cabezas, representadas en otras cabezas? ¿En escupir sobre vuestras caras representadas en otras caras?

»¿Aún no veis que ni sois peores ni mejores en vuestras circunstancias que aquellos a los que criticáis en las suyas?

»En verdad os digo que no hay mayor ceguera que la que enfrenta a un hombre con otro hombre.

»¿Cuántos mártires aún necesitáis? ¿Cuántos necesitáis para comprender que lo vuestro es el vuelo por encima de las cosas y no el ataros a ellas como se atan las adelfas a las orillas de los ríos?

LA CRÍTICA Y LA CALUMNIA

Y vino hasta él una madre y traía alrededor a todos sus hijos.

Entonces, los que venían con él le dijeron:

—No hables con esa mujer porque tiene mala fama y no tiene marido.

Y él les dijo:

—Os vanagloriáis de comentar el mal ajeno y vuestras lenguas se deleitan contando cómo vuestros hermanos cayeron frente a los obstáculos que les puso la vida.

»¡Cuántas espinas os encargáis de hincar en sus corazones ya dolidos, y cuántas penas añadís a sus muchas penas!

»¿Cuánto tiempo tardará la Tierra en desprenderse de la semilla de la crítica y la calumnia y arrancarla de golpe del corazón del hombre?

»Venís y criticáis a los primitivos, y a otros pueblos que ponen en la calle a sus pecadores y públicamente los apedrean para limpiar sus conciencias en ellos. Vosotros no tiráis piedras, mas tiráis palabras, armadas de espinos, que son peores que piedras.

»Vosotros no dais la cara, mas por la espalda levantáis falsos testimonios hasta hacer una barrera que impide a muchos andar. Los que así actuáis sois dignos de la lástima del cielo porque no merecéis llevar lengua.

»Mirad que la lengua puede hacer más que todo el fuego del mundo unido y más aún que todos los torrentes de las sierras desatados.

»Cuidaos pues y cuidad a los demás. Arropadlos y comprendedlos, y en verdad os digo que entonces también vosotros seréis comprendidos y amados.

Y tomando a la mujer y a sus hijos, los llevó consigo.

VUESTRO MEJOR MANJAR

Y todos estaban sentados como en familia y tenían ante ellos una gran mesa llena de manjares. Entonces ellos le invitaron y así le decían:

—Maestro, ven a compartir nuestros alimentos y haznos el honor de llenar nuestra comida con tu presencia.

Y él se sentó entre ellos, mas no probó bocado y viendo cómo comían, así les dijo:

—Habéis hecho de la comida un arte y de la bebida una necesidad, cuando para alimentar vuestros cuerpos os bastaría un trozo de pan y frutas de los árboles. Y para beber, el agua de un manantial.

»Así en cada generación seréis más esclavos de estas necesidades que os habéis creado por pensar por vuestros cuerpos y pedir por vuestros estómagos. Pensad que también lo que se respira alimenta y lo que se ve alimenta. De nada sirve llenar vuestros estómagos si no llenáis también vuestros corazones; porque la paz no viene por la comida del cuerpo, sino por la comida con la que alimentáis vuestra conciencia. Ni la tranquilidad viene porque comáis por la boca cosas exquisitas que tan solo avivan vuestro paladar. Antes bien, llenad la boca de la necesidad, y el pan que comáis, al hacer esto, será vuestro mejor manjar.

LA ENVIDIA

Y sentándose ante un grupo de hermanos, les dijo:

—Cuidaos de la envidia, porque ante el cielo a cada uno se os dio según vuestra necesidad.

»Y muchos diréis: «A mí no me dio el cielo según mi necesidad, porque paso hambre. Ni me dio según mi necesidad, porque paso falta de amor. Ni me dio según mi necesidad, porque parece que mi cuerpo atrajera todas las enfermedades».

»Mas yo os diría: había una vez un hombre al que le fue dado un huerto para alimentarse, y pasaban días sin que fuera a cultivarlo, y pasaban semanas sin que se preocupase de labrarlo, ni abonarlo, ni cortarle las malas hierbas. Llegó el tiempo de la cosecha y no recogió nada; entonces miró al cielo y, enfrentándose con él se violentó diciendo: «¿Qué mal he hecho, ¡oh Dios!, para que me trates así? ¿Qué mal he hecho para que me mandes esta desgracia? ¡Mira los campos vecinos qué frondosos están y mira el mío mustio y seco!».

»Mirad pues y meditad y no pidáis al Cielo lo que no os pedís a vosotros mismos.

»¿Y cuántas veces veis a un hermano y lo envidiáis porque creéis que tiene lo que vosotros desearíais tener? Mas yo os digo que si entrarais en su vida, veríais que está vacío de otras cosas y sufre por no tenerlas tanto como vosotros.

»No juzguéis por los ojos, ni deseéis por los ojos. Pensad que cada uno trae su carga. Y ayudaos unos a otros a llevarla.

CAMINOS DE LA EVOLUCIÓN

Y uno le preguntó:

—¿Por qué es tan difícil que nos entendamos con aquellos que nos rodean, con alguien que esté a nuestro lado y que incluso haya nacido con nosotros?

Él así le dijo:

—La sabiduría no la dan los lugares, ni la dan los hombres, ni la dan los conocimientos que se enseñan en las escuelas de los hombres.

»La sabiduría nace a través del peregrinaje de mucho tiempo en los caminos de la evolución.

»La ilusión de esta vida puede presentar como iguales a dos seres que están muy distanciados en evolución; mas trascendiendo el ropaje del que se visten, pronto, ante los ojos entendidos, se verá la diferencia.

»¿Cuántos hijos hay que son más viejos que sus padres? Y en verdad te digo que el más grande en sabiduría en esta Escuela de la Tierra es un simple aprendiz en la otra escuela que a esta sigue en evolución.

Escucha, pues, de los más sabios, y aprende de su humildad para darla a los más ignorantes y así sembrar en ellos la luz de la esperanza.

LA VERDADERA CIENCIA

Y vino uno que tenía por nombre Ayud y que era tenido por gran hombre de ciencia y, acercándose al centro del grupo, dijo:

—Maestro Abul Beka, háblanos de la ciencia real.

Y él, tomando la palabra, le habló así:

—En vuestras escuelas enseñáis todo aquello que favorece el conocimiento de la forma, más no de la esencia de las cosas y su ser. Y así, desde pequeños, os esforzáis en utilizar la inteligencia, mas no unida a la razón. Día y noche tratáis de conseguir metas espirituales abandonando la base de todas ellas, que es la naturalidad.

»De esta forma se crean personas que emplean su conocimiento solo para hacer daño y otras que utilizan la inteligencia de modo tan irrisorio que llegan a anularlo todo, hasta a sí mismos: estos son los instruidos pero no razonables.

»Unid pues el intelecto a la razón y entonces no seréis ya intelectuales, sino sabios. Y no caminaréis contra la naturaleza sino a su lado.

»La verdadera ciencia está tan cerca del cerebro como del corazón.

»La verdadera ciencia es un identificarse con aquello que se observa hasta hacerse uno con ello y sentirlo en su más pequeño latir. Y para lograr esto hace falta un diálogo de corazón a corazón y no de muerte a muerte. En la muerte de las cosas no se puede estudiar la vida. Porque ¿acaso lo que captamos por los sentidos no es lo transitorio y la muerte de ellas?

»Busquemos, pues, lo que permanece en todos sus cambios y nos encontraremos de cara a su ser.

»La ciencia real, pues, solo nace del conocimiento interior y sabed que todo viene de dentro del hombre. Solo lo que él experimenta en sí, sabe. Lo demás es solo prestado y tan solo crea capas aparentes de saber que más que bien hacen daño.

LAS PALABRAS

Y una mañana del mes de Veadar, cuando la luna estaba en el cielo, vino el poeta con algunos hermanos al zoco de Medina Runda. Porque gustaba de ver las ventas y el colorido de los frutos maduros por la muerte.

Venía Jaida, su hermana, con ellos. Y llegando a un grupo, vieron cómo discutían varios y se encendían en cólera sus auras y sus ojos se llenaban de odio.

Entonces Jaida, mirando suplicante a Abul Beka, le rogó:

—Dinos ¿qué espíritu inmundo entra en los hombres para que se peleen entre ellos e incluso se maten por cosas vanas?

Y todo en ella era dolor. Hasta el mismo hilo de su voz. El poeta la miró con tristeza y le dijo:

—Las discusiones de los hombres no nacen sino de las palabras; porque son las palabras las que confunden y sus términos los que separan. ¿Acaso cuando salen por su boca no alteran ya sus pensamientos? ¿Cómo pues llegarán al oído del que escucha? Más aún: ¿cómo llegarán a su corazón?

»De verdad te digo que muchos hombres discuten con la misma idea, por distintas palabras. El saber oír no es crearse un pensamiento de aquello que dice el que habla, sino sentirlo y hermanarse con ello.

»Tan solo del sentimiento nace el amor y de él, el Diálogo.

»Y no os fijéis en las palabras, porque son armas de doble filo. Ni en los nombres que se ponen a las cosas, porque ellos separan en vez de unir.

»Mirad el viento; ¿acaso no es uno? sin embargo, ¿cuántos nombres tiene?

»Y yo os digo que si oís decir a uno que negro y a otro que verde y a otro que amarillo, sabed que todos tienen razón; porque no son sino apartados del arco iris de la vida. Mas vosotros, trascendedlo.

UN SOPLO EN **BRAZOS DEL VIENTO**

Aún recuerdo cuando llegó la siega aquel año. Los campos estaban maduros y los hombres y los hijos de los hombres estaban alegres porque era buena la cosecha. Un atardecer después del trabajo fuimos a pasear por el camino de la montaña, y anduvimos mucha distancia hasta casi perdernos, entre las encinas y los olivos. Él venía en nosotros y con nosotros, y así nos hablaba:

—¿Habéis pensado lo pequeño que es este paso por la vida? Todo lo más es un soplo en brazos del viento de la eternidad. Es como un latido en el corazón de la verdadera vida.

»¿Y habéis visto cómo la materia se despereza y estira para cubrir al espíritu, y después se desgaja y marchita hasta volver al polvo? ¿Os habéis preguntado cuántas veces y de cuántas formas se vistieron vuestros espíritus para aprender y conocerse «a sí mismos»?

»Estad en vela y no os durmáis en vuestros trajes, antes bien, trascendedlos y sed «vosotros mismos». Mirad al sol y decid: «Mi vida es como el sol que al amanecer aparece por el horizonte, después se eleva hasta alcanzar el zenit y desde él, empieza a decaer en el ocaso, hasta ponerse por las montañas, maduro». Mas ved también que al hacer esto nos ofrece todo un día, para que en él nos transcendamos. ¿Por qué vosotros no hacéis de vuestra existencia un día para que otros seres se trasciendan? ¿Por qué no ser soles, que inunden los caminos y los llenen de luz y paz?

Iglesia de Santa María la Mayor (Ronda)

LA VOZ DE VUESTRA LUZ

Y así hablaba Abul Beka a sus hermanos en una plaza de Medina Runda:

—Ayer entré en la ciudad de los durmientes, que está emplazada en el valle de la vida, y rodeada por las murallas de la ilusión.

»Cuando entré por sus puertas, muchos me rodeaban y decían: «Háblanos de tu mundo. Aquel que se extiende más allá de nuestras noches y donde hay una luz que lo ilumina todo desde dentro. Nos han dicho que allí no existe la oscuridad, ni tan siquiera en las cuevas más profundas, y que puedes mirar hacia dentro como aquí miramos hacia fuera».

»Y muchos eran los que me seguían saltando a mi lado. Después, me dirigí a una plaza y allí me senté rodeado de todos. Y así les decía: «Hermanos de esta parte, donde existe la noche. Vosotros aún necesitáis de la noche para comprender al día y de su oscuridad para sentir la Luz. Mas llegarán tiempos en que sepáis su valor y, entonces, viváis eternamente rodeados de ella.

»Aún necesitáis del odio para comprender el amor y de las luchas para saber el valor de la paz. Y del tropiezo para que, día a día, os levantéis.

»Mirad que vengo a visitaros y muchas cosas os traigo de aquella parte. Mas muchos de vosotros, nada más oírme, me harán un recodo en sus corazones y enderezarán una vela en sus almas, y otros despertarán vientos que la apaguen. Estos últimos, al quererme desterrar, se estarán desterrando y al quererme herir, se estarán hiriendo. Porque no soy sino la voz de vuestra luz y no pretendo sino llamarla a iluminar».

LAS ALAS DE VUESTRA IMAGINACIÓN

Hay un camino que se recorta por la cornisa del Tajo y que da al poniente. Baja hasta los pies del Guadalevín salvando una gran altura y en su descenso va dejando unas terrazas naturales donde se han creado jardines. También el agua, controlada por acequias, desciende veloz, y a su paso llena de música el ambiente y de frescura con sus notas. Abul Beka baja todos los días, cuando se sienta la tarde a descansar. Y rodeado de sus hermanos así les hablaba:

—Durante muchos eones de tiempo va despertando el espíritu y tomando conciencia de su eternidad. No es la materia sino el espejo donde va viendo perfilarse sus blancas alas.

»Aprended a mover las alas de vuestra imaginación y no estaréis más vinculados a lo transitorio, ni podrá contra vosotros nada el mal de la ignorancia.

»Sabed siempre que lo único que os apega a la Tierra y a los mundos no es sino la ignorancia. Ella es la que crea el dolor, la envidia, la pereza, la gula y todo aquello que animaliza al hombre.

»Trascendedla y estaréis en el sendero de conoceros a vosotros mismos tal y como sois. Sabréis el porqué y para qué de vuestras continuas existencias en estos mundos.

»¡Ah, si supiera una flor que su sacrificio es el que la hace nacer al fruto! ¿Acaso pensáis que sufriría al desprenderse de sus bellos pétalos y al marchitarse y dejar su frescura en manos de los vientos de otoño?

»Mirad, pues, bien hacia vuestras vidas y pensad que son tránsitos para más alados destinos. Porque si una flor, en su pequeñez, da un fruto que alimenta vuestros cuerpos, ¿cuánto más daréis vosotros en cada existencia donde os vais limpiando cada vez más de la oscuridad?

»No seáis como aquellos que adoran a la ignorancia y la colocan en altares de oro y diamantes y la tienen por la razón. Porque, tarde o temprano, ella vendrá por sus hijos y les dirá: «Venid conmigo porque yo tapé vuestros ojos al conocimiento pero os di todo aquello que pedisteis. Yo os arropé con oro y terciopelos y os hice sagaces como zorros entre los hombres».

»Porque vendrán tiempos en que todo sea confundido por ella y ella sea la que reine en la Tierra: entonces dirigirán a los hombres aquellos más astutos pero no los más sabios; serán elevados altares a aquellos que mejor supieron engañar y serán tenidos por santos los más abominables. Se juzgará a los hombres por su vestido y su calzado, y aquellos que anden descalzos serán echados de las casas y considerados indignos.

»Regocijaos, hermanos, entonces, porque aquellos que os echan de sus casas a ellos se echan y aquellos que os hagan daño a ellos mismos se hacen daño. Y de verdad os digo que tendrán que recoger hasta el último grano de odio que sembraron, cuando llegue su cosecha.

»Mirad estas cosas como que los tiempos de la siega están cerca y fortaleced vuestros corazones.

LA MEJOR MÚSICA
QUE PUEDE DAR LA TIERRA

Y vino el Maestro a un corro de niños que jugaban.

Y dijo a los que le seguían:

—Mirad, afinad vuestros oídos y sentid alegría porque ese jolgorio de los niños cuando juegan es la mejor música que puede dar la Tierra. A los oídos del cielo suena más bellamente que las notas delicadas de los ruiseñores y el canto alegre de los jilgueros.

»Es el canto de la inocencia, y si los miráis, ellos viven en otro plano, donde los árboles aún hablan y los pajarillos les hablan, y hasta las mariposas y las calles y los muros de las calles aún les hablan.

»No cortéis sus notas con vuestras palabras. No rompáis sus juegos con vuestros egoísmos. No dejéis que rompan sus sueños.

»De verdad os digo que el día en que el hombre no tenga que dejar su infancia y la pueda prolongar hasta toda su vida, el mundo empezará a ser un edén.

»¡Cuántos la han dejado olvidada en una calle, o en una plaza, o en un árbol, o en un jardín!

»¡Cuántos la dejaron dormida bajo un libro o una flor!

»¡Cuántos no la han conocido porque no les dejaron tenerla y, ahora, a la vuelta de los años van por el mundo como vagabundos solitarios buscándola en cada esquina del tiempo!

»Mirad que es tan delicada como los pétalos de un lirio y una simple palabra la puede matar.

»Ved pues por los niños, sentid por ellos, cuidaos en ellos, porque ¡ah de un jardín que no cuida los nuevos retoños!, ¡ah del árbol que no cuida sus futuras semillas!

DINERO PERO NO CALOR

Y Abul Beka hablaba así:

—Alí va corriendo a todas las partes y no tiene tiempo ni para saludar a sus hermanos más íntimos. Va como el viento por las calles y cuando se para, es para decir: «Hermanos, disculpad mi prisa pero no tengo tiempo para hablar con vosotros».

»Y esto es porque Alí lleva muchas cosas en la cabeza. Alí llena todos los días varias veces la bolsa de plata, pero no tiene tiempo para pensar en sí mismo.

»Alí, cuando vuelve a su familia, apenas si tiene tiempo para un bostezo, y busca la cama porque el día lo agota, y pierde hasta las palabras.

»Alí lleva dinero a su casa, pero no calor. Sus hijos son huérfanos aunque van bien vestidos y perfumados, y tienen los mejores maestros.

»Alí gasta el dinero que gana en buscarles a sus hijos el calor que él se lleva al ir a buscarles el calor.

»Pero Alí no usa ni la cabeza ni el corazón, ni para en el tiempo para reflexionar, porque tampoco tiene tiempo.

Me pregunto que sería si todas las casas de Medina Runda tuvieran por padre a un Alí. Nacerían generaciones de lujo pero vacías de cariño y deformadas por los vicios.

Puente Viejo de Ronda

BENDITO HERMANO ENEMIGO

Un día le preguntaron a Abul Beka de Medina Runda:

— Maestro, ¿tú estás con los humildes?

Y él les respondió:

—Los humildes de corazón ya tienen buena compañía en la humildad. ¡Mas cuántos están solos porque no han llegado a ella!

»Estoy con aquellos que me aborrecen porque de ellos es de los que más necesito y me necesitan. Ellos son los que aún me dirán lo malo que tengo y así podré limpiarlo.

»Porque un amigo siempre te dirá lo bueno y ocultará lo malo que hay en ti; mas un enemigo siempre te dirá lo malo y ocultará lo bueno. Bendito sea ese hermano que se llama enemigo, porque en él vemos nuestros defectos y así podemos corregirnos. De verdad os digo que en el más allá más agradecido se ha de estar a un enemigo que a un amigo.

BENADALID

Aquel día Medina Runda estaba de fiesta. Y las calles se cubrían de guirnaldas y colores. Y las torres se decoraban con rosas. Y las puertas de las casas se llenaban de jazmines. Y todos los que moraban en ellas salían aquel día al campo para vivir en la naturaleza y, en armonía, convivir con ella.

Abul Beka había salido muy de mañana, antes de que despertara el sol por las montañas y el Guadalevín se vistiera de plata. Iba acompañado por tres de sus más amados hermanos y llegaron a Benadalid.

Es esta una aldea de tejados bajos y casas pequeñas y blancas como la nieve. Sus habitantes son caritativos y sus árboles son los castaños. Apenas si hay seis familias que viven en armonía. Y cuando vieron llegar al poeta, sus corazones se abrieron como las amapolas y sus bocas no dejaban de cantar alabanzas.

Y él así les decía:

—Benadalid, Benadalid, eres como una perla en medio de este verdor. En el futuro del tiempo el hombre construirá ciudades populosas, y en ellas habrá más seres que ahora hay en todo el reino de Medina Runda. Tendrá que hacer esto el hombre para volver a ti y vivir como tú vives: pequeña y recogida.

»¿Acaso se puede pagar con algo la armonía interior que hilan entre sí tus familias? Ellas forman una gran familia. Lejos de la codicia, tu creces sana. Lejos de las vanidades, tú eres hermosa. Lejos del ruido, tu eres alegre como el chamariz.

LA JUVENTUD

Un día sus hermanos de Medina Runda le rogaron que les hablara sobre la juventud. Abul Beka, tomando la palabra, les dijo:

—Mirad a la naturaleza porque ella es la eterna juventud. La juventud no es sino el impulso y la renovación, en las estaciones, de las generaciones del hombre.

»No es sino cambiar la levita gastada por una nueva, para iniciar otro ciclo.

»Y se ha dicho: «La juventud es ciega», mas yo os digo: ¿acaso veis vosotros más?

»Mucho critican a la juventud pero no escatiman en esfuerzos para perderla. Y en vez de ofrecerle un mundo lleno de amor, zarandean una y otra vez su tronco naciente y lo recargan con el peso de sus taras.

»¿Acaso no comprendéis que vuestros hijos fueron vuestros abuelos? ¿Y que vosotros seréis los hijos de vuestros hijos?

»¿Por qué pues no sembráis bien para que, cuando vengáis de nuevo a la vida, podáis recoger cosecha de vuestra siembra? Y así construir una torre y no una muralla.

»Y vosotros, jóvenes, no os contentéis con ser arbustos y llegar hasta la altura que fijaron vuestros padres. Sed como palmeras que, trascendiendo las dificultades, plantan sus penachos entre las nubes del cielo.

»Tomad ejemplo de rectitud en ellas y sed rectos en actos y pensamientos

»Y cuando vuestra generación sea aplacada por los años, permaneced abiertos para que las nuevas juventudes encuentren el apoyo que os negaron a vosotros.

MI AURORA INTERIOR

Y así hablaba Abul Beka a sus hermanos:

—Un día le dijo un pajarillo a una alondra: «¡Hola, hermana! ¿Cómo es que tanto madrugas? Aún no se ha levantado la aurora por el horizonte cuando ya escuchamos tus trinos. ¿Acaso pretendes llamarnos para que veamos su majestad al dorar las cimas de las montañas y traspasar a las nubes que se acercan a recibirla?».

»Y la alondra le respondió: «Algo más llena mi garganta y la hace cantar a horas tan tempranas. Por la tarde, cuando se va el día y la luz, creo que nunca más volverá y espero ansiosa su llegada. Entonces, cuando la vuelvo a ver, celebro la batalla que tuvo con las tinieblas más allá del horizonte de nuestras vistas y cómo la venció para alumbrarnos».

»Los trinos son mi aurora interior que también sale por el horizonte de mis notas. Y como tú sabes muy bien, en nuestro lenguaje digo: «Alada aurora, bienvenida seas con tu traje de seda y tu luz resplandeciente. Que mi corazón forme parte de tu corazón y que mi frente siempre te lleve entre los ojos para así dar vida a mis sueños. No languidezcas ni aunque el Invierno te acose, porque algún día Despertarás en el horizonte de nuestras vidas y ya nunca más necesitaremos mirar hacia fuera para verte y sentirte».

UN HOMBRE NORMAL

Y un anciano que venía de lejanas tierras fue hacia Abul Beka y le dijo:

—Hermano, nunca en todas las tierras que pisaron mis pies y vieron mis ojos he sentido lo que siento en tu presencia. Ni mi corazón se ha henchido tanto como al oír de tus palabras.

»Además, ¿en qué parte de la Tierra ocurre que cuando alguien habla le escuchen aquellos que son enemigos entre sí y se tienen por herejes unos a otros? Y, sin embargo, ambos salen contentos y todos se hermanan en tu voz.

»Debías de estar lleno de orgullo y tu pecho se debía de alegrar por conseguir con tus palabras lo que no consiguen los reyes con sus huestes y sus fuerzas, ni las religiones con sus dogmas y plegarias.

Y él le respondió:

—Porque el hombre no haga lo normal, no trates de elevarme a mí que hago lo normal.

»Le fue dada al hombre una vasija no para llenarla de odio y egoísmo, sino para llenarla de amor.

—Le fue dada una boca al hombre no para usarla como espada, sino para consolar.

»Le fue dada una cabeza al hombre no para llenarla de maquinaciones en contra de sus semejantes, sino para despertar a la comprensión y al conocimiento.

»Le fueron dadas unas manos al hombre para dar y no para robar y guardar.

»Le fue dada la fuerza al hombre para ayudar al débil, y no para vanagloriarse de ella, y llenar de violencia los días y las noches y sembrar de sangre los caminos.

»Cuando dejes estas tierras, di que conociste a un hombre normal, que llaman loco en una tierra de locos que se creen normales.

Y el anciano se llevó aquellas palabras en su corazón.

HACED EN SILENCIO

Y así habló:

—En cierto lugar había un pueblo y en él habitaban dos hombres. Y uno tenía fama de santidad porque todas las horas del día y de la noche no pasaban sin que fuera al templo, e inclinándose una y mil veces, rezaba muchas oraciones y plegarias. Cuando llegaban las grandes solemnidades, él era el primero en entrar al templo, con su mejor traje, y el último en salir.

»Y de todo lo que tenía daba, a lo más, un diezmo, para acallar su conciencia y presentar bella fachada.

»Y había otro hombre que no tenía fama de santidad porque no pisaba el templo, ni iba a las grandes solemnidades. Y todos lo miraban con malos ojos y decían: ¿Acaso este no cree en Dios?». Y levantaban una y otra vez blasfemias contra él y su casa.

»Mas os diré algo que nunca él dijo: todos los días, cuando amanecía sobre el pueblo, ya estaba él andando por sus calles para, en su silencio, buscar necesidad. Y cuando andaba por ellas iba rezando en su corazón por todos sus hermanos del pueblo, para que tuviesen fuerzas y trascendieran los problemas que les trajera el día. Y en el silencio del anonimato hacía llegar la caridad a aquellos que la necesitaban. Y también en el silencio ayudaba con sus palabras a aquellos que se las pedían.

»Y aún después iba a su trabajo y se decía: «Echaré varias horas más y con su dinero socorreré a más hermanos. Y los días de fiesta iré a los pueblos que rodean a este pueblo para calmar la necesidad en ellos». Y en silencio así lo hacía.

Y Abul Beka dijo:

—En verdad os digo que éste último no necesita ir al templo porque el templo es «él mismo».

»Mas el primero, ¡cuántas veces tendrá que andar el camino de su casa hasta el templo para aliviar los remordimientos y las intranquilidades de su conciencia!

SOBRE LA VEJEZ

Uno de los días que andan agrupados en meses para buscar al tiempo, se vistió con su mejor traje y se llenó de optimismo, e invitó a Abul Beka y a sus hermanos a pasear por el camino de los huertos.

Y todo el campo estaba en flor y sembrado de mariposas.

Y una mujer anciana se le acercó y le dijo:

—Hijo de mis entrañas, la fuerza que sale por tu boca decora mejor nuestras almas que la naturaleza decora sus días. Dinos algo sobre la vejez.

Y él le respondió:

—¿Qué es aquello que llamas vejez sino un vencimiento del cuerpo para dejar libre al espíritu? ¿Sino un intento de arrastrar los pasos por última vez para hacerlos alas? ¿Sino el último desperezo de la materia por intentar seguir el ascenso del alado espíritu, y después quedarse adormecida en la indiferencia y la inercia del ciclo planetario?

»Se dijo: «Del polvo vienes y a él irás».

»Mas yo os digo: devolveréis al polvo de la Tierra el polvo que tomasteis de ella para materializar la forma, mas vosotros sois luz y volveréis a la luz.

»Alegraos pues porque la vejez es el umbral cercano a la puerta dorada de la vida.

»¿Y quién puede hacer morir a un pino cuyas semillas llenan todo el bosque?

»¿Quién puede hacer morir a una mariposa si, de nuevo, cuando venga la primavera volverá a nacer en cada uno de los huevecillos que puso?

EL RITMO DE TU VOZ INTERIOR

Y todos subieron a una colina que lleva por nombre Los cuatro vientos, porque parecía como si allí se viniesen para dialogar los hermanos del aire, desde los cuatro ángulos de la Tierra. Y el poeta les dijo con la voz fuerte como una tempestad:

—Naced como higueras y extendeos por las orillas del río de la vida para que los pajarillos del cielo puedan alimentarse de vuestros frutos sin temor y los animales de la Tierra busquen en vosotros la sombra.

»No rompáis el silencio de la naturaleza con vuestros gritos; antes bien acoplaos a su tiempo para que ellos también sean silencio.

»Si podéis volar, ¿por qué preferís, hermanos, reptar como lagartos fundiéndoos con la tierra, cuando vuestros lugares son los éteres del cielo

Y uno que venía desde lejos le dijo:

—Maestro, vengo de una ciudad populosa donde el ruido mata el silbar de los árboles y el trino de los pájaros o el ritmo de la lluvia.

Y Abul Beka se paró y le dijo:

—De verdad te digo que nada de esto importa si tú no pierdes el ritmo de tu voz interior. Aun ni una tormenta la alteraría, si lo escuchas. Ni mil carros ni cien caballos al galope podrían sacarte de ti.

»Dejad pues que aquellos que necesitan del ruido y son ruido dancen en la ignorancia y las fiestas de los tiempos. Algún día todo se parará y entonces se quedarán desnudos ante el silencio.

Callejuela de Ronda

DEL VALOR

—Maestro, dinos algo del valor.

Y Abul Beka se sentó con todos, y así les hablaba:

—Mirad que aquello que el hombre aprecia como valor no es sino miedo. El valor está en saber aguantar las ofensas hasta la muerte; porque ¿acaso cuando se responde a una ofensa con otra no estamos corroborando al que ofende y poniéndonos a su mismo nivel?

»Una persona valerosa es aquella que pudiendo responder a otra con su misma arma, la perdona y le devuelve, hecho humildad, su despotismo.

»El valor está más cerca del humilde en actos que de aquel que alardea de fuerza.

»La no violencia siempre vence a la violencia, como lo blando vence siempre a lo duro. ¿Acaso no veis cómo el agua modela, en su constancia, a la más dura roca?

»Mas mirad a vuestro alrededor y veréis que el hombre aún solo entiende el lenguaje de la violencia.

»Mirad antes de este siglo y tan solo veréis violencia. Mirad detrás de este siglo y tan solo veréis violencia. Porque el corazón del hombre aún piensa por la boca y sueña en la posesión egoísta.

»Yo os digo, con mi pobre voz y mi humilde fuerza: sed vosotros la semilla del hombre nuevo que pueble de paz y amor la Tierra. Vosotros sois sus manos nacientes si dais, y sois su corazón naciente si amáis.

»Paz y amor a todos los seres.

LA LEVITA GASTADA

Debajo de una higuera todos se sentaron.

Era el mes cuando la primavera toma de la mano al verano y le da su cetro de flores.

Y uno de entre ellos le preguntó:

—Maestro, ¿por qué muchos lloran a sus seres queridos cuando emprenden el camino del más allá y les hacen grandes exequias y les echan de menos en sus corazones? ¿Acaso no comprenden que les hacen daño?

—Hermano mío, muy lejos está aún el mundo que duerme en Occidente de comprender todas estas cosas. Porque confunden amar con querer.

»Amar es proyectarse hacia todas las cosas a través de los seres que se ama.

»Querer es posesión y egoísmo. Y el que quiere no corta sino las alas de la expansión y se recoge en las personas que quiere.

»Lo que hace llorar por las personas que dejan la vida en este plano no es sino la ignorancia de saber el camino de las almas después de desencarnar. Y lloran en ellas aquello que en vida dejaron de hacer para ayudarlas. Esas lágrimas no son sino el remordimiento y las deudas interiores.

»Mas sabio es aquel que está alegre y dice: «Gracias, Padre Nuestro Común, por haber desatado las alas de mi hermano para que aletee envuelto en tu luz. Que nuestros hermanos mayores le ayuden a dar los primeros desperezos a la vida real.

Y cuando reciba la luz, vele por nosotros desde los confines entre el plano astral y el físico».

»Sabed que aquellos que ignoran por ignorar han cubierto la muerte de velos y han dormido al resto de sus hermanos en la superstición y el miedo.

»¡Ah de aquellos que, no sabiendo lo que hacen, se visten con el traje de las religiones y oscurecen la luz; porque poco a poco la luz vencerá todas sus tinieblas y ellos serán los primeros desnudados públicamente!

»¿Acaso cuando dejáis una levita vieja y la tiráis, le hacéis grandes honores y le lleváis flores y le cantáis canciones? ¿Por qué pues lo hacéis con vuestros cuerpos ,que no son sino la levita gastada que después de utilizada en el papel de la vida la dejáis para tomar otra?

»Pensad y meditad las cosas y no os dejéis llevar por el sueño.

Iglesia de Santa María la Mayor (Ronda)

CUÁNTO MÁS UNA FLOR...

Así habló un día Abul Beka a sus hermanos de Medina Runda:

—Cuando cortáis una flor, no decís: «Gracias, madre naturaleza, por darme tu alegría», porque entonces sabríais dejarla en su sitio, que es donde seguirá dando alegría.

»Y muchos decís: «Si la dejo en su sitio, mañana mismo cuando se ponga el sol la habrá deshojado el viento del norte».

»Mas yo os respondería: desde este instante hasta mañana ha pasado para nosotros apenas un día, mas para una flor ha pasado media vida. ¿Acaso cuando veis a una mariposa no sabéis que su efímera vida, a nuestros ojos, es tan larga como la nuestra para su quehacer? ¡Cuánto más una flor que es infinitamente más delicada!

»Hijos del hombre, no lavéis vuestras vulgaridades con explicaciones que tan solo sirven para convencer a aquellos que colaboran con vosotros en hacer daño. Dejad cada cosa en su sitio y, si es necesario, dad más que toméis.

»Y si tomáis, que sea para trascender lo tomado en la necesidad.

SABED DAR

Y uno le rogó que le hablara sobre el dar.

Y Abul Beka así le dijo:

—El saber dar es toda una filosofía. No todos aquellos que dan están dando.

»Dar limosnas puede ser denigrante para aquellos que las reciben, mas dar caridad es dar amor y esto solo puede vivificar a aquel que lo recibe.

»Dar las sobras no es sino acallar la conciencia. Dar aquello que uno mismo necesita es quitarse de la boca para dar a otra boca, y en verdad te digo que solo de esta forma se alimenta el espíritu.

»Dar tampoco es dejar a otro para que dé en nuestro nombre o en nuestro anonimato. Dar es sentirse uno con aquel a quien se da.

»Mira el muro de una casa: ¿acaso todas sus piedras no se dan unas a otras? ¿Acaso no hay caridad entre todas las hojas de un árbol? Dime pues por qué es tan difícil crearla en el cuerpo de la Humanidad.

CUIDA EL OLEAJE

Y Abul Beka bajó hasta el mar y llegó a una ciudad que llevaba por nombre Medina Málaga. Y era como una mano de la tierra abierta al mar. Y cuando vino a ella, ya traía algo de fama con él, por lo que, desde que llegó a su plaza, muchos le seguían y le preguntaban.

Y él dijo:

—Hijos de Medina Málaga, vuestro espíritu es abierto como vuestro horizonte y vuestro carácter es una gaviota que trata de alimentarse en el mar de las circunstancias.

»Vuestro corazón es un velero que sale del puerto del sentimiento todos los días y muchos días no encuentra la vuelta al puerto. Vuestros latidos son los latidos del mar y vuestra respiración es la brisa que levanta sus olas.

Y después se sentó frente al mar y, con la mano sobre la arena, dibujó un corazón y dijo:

—¿Cuánto durará este corazón hasta que la próxima ola lo borre? –Y después se dijo hacia dentro–: ¿Cuánto durará este cuerpo hasta que la oleada de la evolución lo borre? ¡Oh, Mar de la Existencia!

Y volviéndose para todos, les dijo, señalando el corazón:

—¿Quién vendrá todos los momentos para mantenerlo dibujado sobre la arena?

Y uno se levantó y le dijo:

—Maestro, yo estaré en todos los días y las noches para dibujarlo una y otra vez, cuando lo borre el oleaje; dime: ¿qué he de hacer?

Y Abul Beka le respondió:

—Cuida el oleaje de las pasiones y de los conformismos, y mantendrás permanentemente dibujado este corazón en la playa de tu ser.

LA TIERRA

Y le preguntaron:

—Maestro, dinos, ¿qué es la Tierra?

Y él les decía:

—La Tierra es una escuela donde la nidada de la Humanidad está dando sus primeros desperezos en el cielo de la angelitud. El hombre es un ángel sin alas sentado en la incertidumbre, esperando el tiempo marcado por los ancianos de la vida, para que pueda vencer el letargo de la ignorancia y poco a poco escale su libertad.

»Porque ¿qué semilla no espera impaciente a la mano del viento que la lleve a otros campos, donde pueda producir ciento por uno? ¿Qué pajarillo no espera con inquietud que su madre lo saque del nido y lo empuje al vacío, para poder extender sus alas e ir por sí solo a comer, e ir por sí solo a jugar con el cuerpo de la vida?

DICHOSOS SERÉIS

Y reuniéndolos a todos, los llevó hasta la montaña, y sentándose allí con ellos, así les hablaba:

—Dichosos seréis llamados en el cielo, cuando vuestro paso por la escuela de este mundo sea para hacer el bien y sembrar el amor durante los días de vuestras existencias.

»Dichosos seréis llamados en la Tierra, si todos vuestros días y vuestras noches son para servir sin pedir nada a cambio.

»Dichosos seréis cuando conscientemente os desatéis de todo deseo, porque nada ni nadie podrá ataros al mundo.

»Dichosos seréis si hacéis de vuestras vidas un equilibrio perfecto con la naturaleza y con todos los seres que la forman, porque habéis dicho de los pueblos que sacrificaban animales que eran salvajes e incultos; mas yo os digo: igual de incultos y salvajes sois vosotros, que aún sacrificáis flores y pensáis que con su ofrenda halagáis al cielo. Es verdad que las generaciones que vengan detrás de esta os tendrán por seres primitivos y sin sensibilidad.

»Dichosos seréis cuando, en la oscuridad de esta noche de ignorancia que vive el mundo, avivéis vuestra llama y con ella calentéis de conocimiento los corazones de vuestros hermanos, porque igual harán de vosotros desde el más allá, y nunca estaréis ciegos ni a oscuras.

»Dichosos seréis llamados por los hijos de vuestros hijos, cuando en vez de legarles tesoros de oro y plata o perlas y diamantes, les leguéis la honestidad, el desapego y la prudencia. Y esto lo hagáis con vivos ejemplos en vosotros mismos.

DEL BIEN Y DEL MAL

Y un anciano de cara limpia, como era su alma, le dijo:

—Maestro, tú que tanto sabes, dinos del bien y del mal.

Y Abul Beka se recogió en «sí mismo» y después habló así:

—El bien y el mal son dos conceptos que ha creado el hombre, como ha creado el concepto de alto y de bajo, de ancho y de estrecho. Es algo propio de su estado, en esta «escuela planetaria»; mas mira que el daño no viene cuando cada uno hacia dentro se mide, sino cuando es medido desde fuera. Porque ¿quién lo medirá? Mira que el daño viene cuando ponemos algo como bien y algo como mal y no dejamos que sea la propia conciencia individual la que se regule.

Y uno le preguntó:

—¿Entonces cómo conviviríamos sobre la Tierra?

Él le respondió:

—Si tú supieras las leyes que regulan la vida, no dirías eso. Es el creerse uno bueno lo que ha hecho a otros malos. Y ¿acaso para estos malos, los buenos no son los malos? Esto es lo que ha hecho que se creen jueces que juzguen y, sin embargo, no sepan juzgarse a sí mismos. Y médicos que juegan a curar y no saben curarse a sí mismos. Y religiosos que dicen sanar almas y no sepan sanarse a sí mismos. Y maestros que dicen educar y no se conocen ni a ellos mismos.

—Cuántos hay que dicen: «Primero iré y me prepararé para no ser un ciego que guíe a otros ciegos». ¿Cuántos tienen esta humildad? Para ello han de reconocer que no saben, y esto les haría dejar muchas cosas que los atan.

—Estos son los que han vencido en ellos el bien y el mal, y cuando hablan no son comprendidos por los que aún están presos del concepto del bien y del mal.

LA VIDA Y SU FIN

Era de noche y todo estaba quieto en un... como dormido palpitar. En el cielo las estrellas brillaban y la luna, misteriosa y magnánima, lentamente caminaba como si buscase algo más allá de las sombras.

Solo se oían, de vez en cuando, voces lejanas por entre los callejones y un suspiro prolongado de agua viniendo del Tajo.

El olor de jazmines llenaba de fragancia las plazas de Medina Runda y en una de ellas, bajo unos olmos centenarios, Abul Beka les hablaba a sus hermanos así:

—Cuando miro hacia los cielos, digo: gracias, Padre Dios, porque me has abierto los ojos del espíritu para comprender la vida y su fin. Para darme cuenta de que todo es armonía en Ti. Para ver que estas etapas de la Tierra no son sino lapsus de tiempo para sentirte.

»Perdona a aquellos que vienen a la Tierra y hacen de ella un lugar para dormir o para construirse palacios. Perdónalos porque no saben lo que hacen. Ellos mismos volverán para construirte altares con sus cuerpos.

»Perdona a aquellos que te difaman, porque aún no te conocen. Y de nuevo volverán para prolongar tu nombre.

»Danos fuerzas continuamente para no perder la humildad que hemos conquistado en el peregrinar de todas nuestras vidas.

»Haz que, día a día, levantemos más la cabeza y, mirando al sol, te proclamemos. Que nos sintamos uno con el ángel del mundo y lo veamos en todos los seres sensibles que pueblan su superficie. Porque cada átomo de la Tierra y cada mundo y cada estrella del cielo va hacia Ti. Como también nosotros vamos hacia Ti.

»Haz que seamos dignos de llamarnos reyes de nuestros hermanos más pequeños en evolución: como son los pájaros del cielo, los peces del agua y los animales de la tierra, y también todo lo que florece en ella...

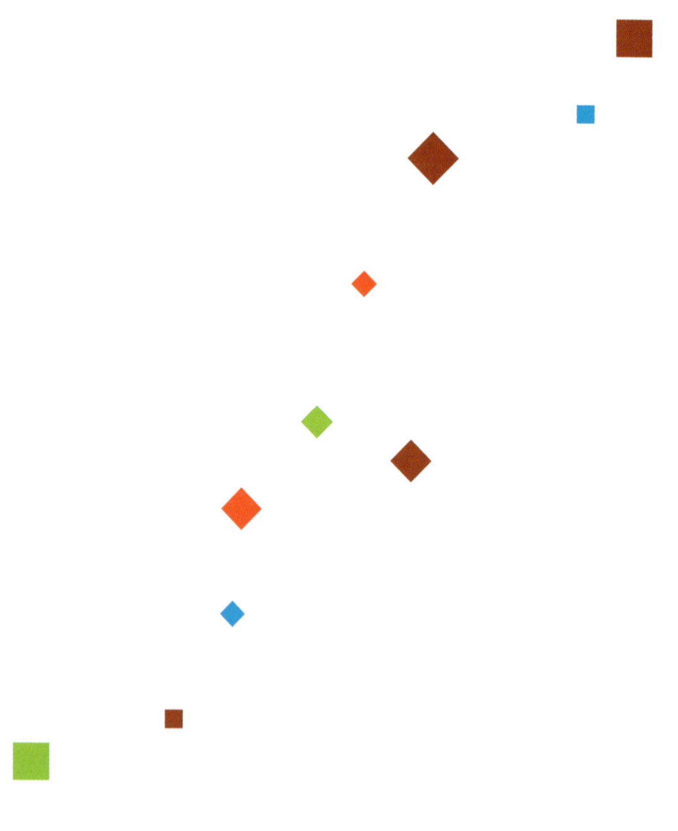

MÁS DAÑO QUE CIEN ESPADAS

—Al-Farib hace más por su boca que toda Medina Runda.

»Al-Farib, cuando despierta el alba, ya dice que ha realizado tanto como el resto del día hacen sus hermanos.

Hoy estaba en el zoco rodeado de jóvenes y les contaba una de sus hazañas.

Al-Farib dice que los pies nos fueron dados para andar y la lengua nos fue dada para gastar las palabras.

Pero lo que Al-Farib no sabe es que una lengua mal dirigida puede hacer más daño que cien espadas.

No sabe que una palabra sembrada en un campo abonado por la maledicencia en pocos momentos se hace más grande que una higuera y más devastadora que un huracán.

Por ello Al-Farib vive para la burla y el sobresalto, para complacer a los oídos lujuriosos de palabras y sedientos de sensaciones.

Al-Farib cobra por sus noticias y él mismo las sazona para halagar a aquellos que se las compran. Es sorprendente la habilidad de Al-Farib porque hace de amigos enemigos en un momento, y de enemigos amigos en un instante.

EL HERMANO SILENCIO

Y sus hermanos de Medina Runda una tarde que paseaban con él, le preguntaron:

—Maestro, háblanos del silencio.

Y Abul Beka les dijo:

—Mirad que estoy empañando el halo cristalino del silencio al hablar de él, mas he de hacerlo para que lo viváis en mis palabras.

»El silencio no viene cuando decimos: ahora guardaré silencio. El silencio es un estado del espíritu que se desnuda de las palabras conscientemente.

»Cuando viene el silencio y se posa en la boca del hombre, se despegan las plumas de las alas del alma, que estaban mutiladas, por el alquitrán de las palabras. Entonces nace algo nuevo en el corazón. Y en la frente, posado entre las cejas, despierta un loto y se enciende la luz.

»¿Acaso no es el silencio el traje más transparente con el que se viste la divinidad? Mas los seres humanos la han querido vestir con otros trajes a su gusto, y le han puesto nombres y la han definido.

»Mas ¿se puede definir un soplo de viento? ¿Se pueden manchar con definiciones los pétalos de una rosa? ¿Se puede atrapar entre las letras de una palabra un pensamiento, para que todos aquellos que lo roben puedan sentirlo virgen y por igual? ¿Se podría explicar con palabras un sentimiento íntimo? ¿No sería necesario un diálogo de corazón a corazón en el silencio? Sabed que las palabras más que unir, separan. Es el hermano silencio el que lo aúna todo bajo sus alas; mas aunque viva en todos los corazones, son muy pocos los que se hacen silencio en el silencio.

COSAS SIN VALOR

Y habló así:

—Un día de entre los días, un hombre tomó cuanto tenía y lo vendió. Y tomando el dinero, lo metió en su alforja y se fue a andar por el mundo.

»E iba muy tranquilo pensando: «Todo cuanto se me apetezca lo podré comprar porque llevo dinero».

»Pasaron días y, sin darse cuenta, salió de su reino y entró en otro reino.

»Y cuando le apremiaba la necesidad, quiso comprar con su dinero; pero cuál sería su asombro cuando notó que nadie le daba su valor, y hasta lo detestaban por él.

»Entonces, recapacitó hacia sus adentros y se dijo: «¡Qué iluso de mí!, toda mi vida luché por tener estas monedas y, ahora, simplemente cuatro días de camino han anulado su valor». Y se apenaba mucho de haber caído en aquel engaño.

»En verdad os digo –decía Abul Beka– que aquello por lo que sacrificáis esta existencia se quedará con el cuerpo que la vive. Mirad y pensad bien para no ataros a cosas que no tienen valor y dejar otras, valiosas, que se pierdan por la ociosidad.

NUEVAS
SENSACIONES...

Y uno de sus hermanos le preguntó:

—¿Qué va a quedar de Medina Runda?

»¿Qué será de sus plazas y sus torres, y la vida que anidaron?

»¿Qué va a quedar de este corazón que palpita en esta meseta, cuando el tiempo se cierre en sí mismo y no quiera andar y la naturaleza diga: «Hemos de enseñar a mi hijo mayor, el hombre, lo que es el hambre para que sepa valorar toda la prodigalidad y el mimo con que lo hemos tratado?».

Y el maestro le respondió:

—Mirad: un hijo le dijo a su padre: «Padre, deseo irme de tu presencia porque me aburre tu compañía y la de toda tu casa. Aquí lo tengo todo y tú me lo has dado todo; mas mi corazón necesita expandirse y buscar nuevas sensaciones».

»Y el Padre le rogó: «Hijo mío, toda mi casa te pertenece, y mis campos y mis ganados; mas sea según tu consentimiento, porque ya estás en la edad en que conozcas otras cosas que están fuera de aquí».

»Y el hijo se alejó de su casa y se llevó su heredad. Pasaron los días en el tiempo y sus bolsillos se fueron apagando y sus lujos se aminoraron, y ya no parecía hijo de aquel señor.

»Continuaron pasando los días y cada vez tenía menos, hasta que tan solo le quedaron las manos para trabajar y la boca para pedir.

»Una de entre las noches, cuando su estómago le molestaba por el hambre y sus ojos se velaban de miseria, se recostó sobre la húmeda tierra y mirando a las estrellas: meditaba de esta forma: «Hasta aquí me han tenido que traer las manos de la experiencia y los hombros del sufrimiento para valorar aquello que tenía en mi casa.

»He tenido que sentir las lágrimas de la tristeza resbalar por mi rostro, para comprender el valor de las lágrimas que derramé en otros tiempos de alegría. ¿Cómo sabrá un torrente qué es la sed, si nunca la ha tenido? ¿Cómo sabría un río de ella, si la calma?

»¿Cuántas veces hacemos lo que no debimos nunca hacer, para comprender en ello, y no hacerlo? ¡Qué gran escuela la de la vida!, que nos rodea de las circunstancias donde conocernos y rectificarnos».

»Y así continuaba: «Iré y le diré a mi padre: «Padre mío, vengo a ti porque ahora soy digno de tu morada. Ahora sé el valor de tu trabajo de creación».

»Y después de muchos días y muchas noches, por caminos espinosos y empinados, retornó a su casa y, postrándose ante su padre, le dijo: «Mi padre, me llevó de ti la ignorancia de creer que podría encontrar fuera aquello que perdí dentro de mí. Ahora soy conscientemente HIJO tuyo».

»Y él le respondió: «Abre bien los oídos y escucha, porque ahora ya puedes comprender: al quererte ir de mí creaste el camino de ida; al querer volver has creado el de vuelta, mas todos estos caminos están en mí. Nunca saliste de mi casa, ni de ti mismo. Y ahora ve, vuelve a los caminos y despierta a tus muchos hermanos que se fueron y no han vuelto aún conscientemente a mí, aunque están en mi casa».

Y el HIJO se fue por los caminos y en ellos encontró a muchos hermanos que vivían con la máscara de todos los vicios y de todas las aberraciones; mas él los comprendía y decía: «Mis hermanos, creéis que estáis fuera de la casa; más yo os digo que en vosotros está también la casa. Tomad conciencia de ella y desperezaos del sueño de la ilusión».

EL MEJOR GOBERNANTE

Una tarde de primavera vinieron hasta él algunos de aquellos que gobernaban Medina Runda y le pedían consejos.

Y uno de entre ellos le rogó:

—Maestro, ¿qué hemos de hacer para tener con nosotros el corazón del pueblo?

Y él así les decía:

—El pueblo es como un árbol plantado en una esperanza que debe crecer abierto al sol y sobre buena tierra; mas nunca olvidéis regarlo ni olvidéis injertar, a su tiempo, retoños que den frutos limpios y llenos de sabiduría. Procurad que sus frutos sean dulces, porque de ellos comeréis.

Y de nuevo le preguntó:

—¿Y cómo haremos esto?

—Yo os diría: la sabiduría que necesita un pueblo tan solo se la pueden dar sus ancianos. Porque tan solo ellos han trascendido las posesiones y los partidismos, y el ansia de renombre, y la vanidad, y el egoísmo.

»Todos aquellos que se sientan sobre un pueblo para colocarse la corona de la fama sobre sus cabezas no sirven al pueblo, sino que buscan que les sirva el pueblo.

»Y todos aquellos que con palabras bellas se edifican una escalera para ascender es porque de pie no llegarían a un palmo.

»Pero el pueblo calla; porque todos son sus hijos, y espera paciente, como espera la madre paciente al hijo que le dé la vida.

Y de nuevo le preguntó:

—Entonces, ¿qué ha de ser un gobernante?

Y él le dijo:

—El mejor gobernante es aquel que sirve y no permite ser servido. Es aquel que llega al corazón de todos, porque todos lo quieren y nadie ve en él a un enemigo.

»El mejor gobernante es aquel que sabe gobernarse a sí mismo, y entonces todo cuanto sale de su boca no hiere a nadie, porque todos saben que es para bien de todos.

»El mejor gobernante nunca impone nada, sino aconseja, y su consejo es ley.

»Mas sabed que solo un pueblo humilde y culto tiene buenos gobernantes; porque si un buen gobernante viene a un pueblo violento y orgulloso y soberbio, no estará mucho tiempo a su cabeza. Y si un mal gobernante viene a un pueblo humilde y culto, no estará mucho tiempo a su cabeza sin que este le retire su corazón.

PALPITO CON EL **PALPITAR DE LA VIDA**

—Veo las montañas y los valles y los ríos que hay dentro de mí. Veo los árboles y los arbustos y las flores que lo habitan, y noto a los pajarillos que vuelan con las alas de mis pensamientos, queriendo escapar de esos montes y esos valles y esos ríos. Los veo que se elevan con fuerza, pero que después, cansados, vuelven una y otra vez a tener que alimentarse de la tierra y del agua. Veo a las águilas entre las alas de mis pensamientos que se hacen dueñas del cielo y se enseñorean y se alimentan de sus hermanos más pequeños, pero siempre han de bajar a mendigar el agua del río y a sembrar su nido entre las cumbres de las montañas. Mas yo, que veo, estoy aquí, arriba y abajo. Siento el latido del corazón del vuelo ascendente y el latido de ese mismo corazón que baja. Noto la calma en las hojas del arbusto y la prisa en el agua del río que va buscando al río, sin saber que el río es ella misma y lo hace al buscarse.

»Noto la inquietud en el frágil cuerpo del pajarillo. Siento la expansión en las montañas y el desperezo y desapego en sus cumbres. Palpito con el palpitar de la vida que lucha por romper en una semilla y veo que a la vez soy el árbol realizado de esa semilla. Y comprendo el juego que nace del movimiento. Miro que cuando un pino nace de la tierra tiene un solo tronco, y no se ha adentrado apenas unos diez pasos en el aire y ya se ramifica. ¿Y acaso por ello deja de ser uno? Cada rama, cada hoja es una proyección del árbol y es la adaptación la que la hace distinta, y es la ilusión la que la enfrenta con otras hojas y otras ramas de ese árbol.

»Bienaventurados aquellos que saben ver por encima de la adaptación y sus leyes, ellos miran cara a cara su esencia.

AMOR Y PLACER

Y se acercaron a él dos jóvenes que se amaban.

Y ella, adelantándose, se sentó frente a él, y también su amado se sentó a su lado y le dijo:

—Maestro, háblanos del amor. –Y había como una felicidad sentada en aquellos ojos y ambos estaban enlazados por un halo de rosas.

Y él los miró sonriente y así les hablaba:

—¿Qué fin tienen los árboles sino dar flores, y qué sería de estas flores si el mismo aire no las uniera con sus manos de polen y, fecundándolas, las hiciera frutos?

»Y decidme más: ¿qué sería de esos frutos si al caer en tierra no sembraran sus semillas, ni las alimentaran?

»Vosotros sois las flores de luz que iluminarán el jardín del padre, que los jardineros del cielo cuidan sobre la Tierra.

»Mirad: ¿qué sería de un jardín donde se queman las semillas? Llegaría un día en que el viento no se vestiría de polen, y las manos del desierto quemarían la vida.

»Cuando unáis vuestros cuerpos, llamad al amor pero huid del placer. Solo el amor trae la vida. El placer trae la muerte, y aunque se vista de belleza, con el tiempo, se descubrirá de su disfraz y sembrará desequilibrio en vuestra familia.

»Muchos son los que dicen de sus hijos y los maltratan con la lengua mas ¿cuántos los mancharon de lujuria aun antes de nacer?

»Si no os enlaza el amor, por mucho que os adentréis uno en el otro estaréis tan separados como el cielo de la tierra, que parece que se besan en el horizonte.

»Uníos en el espíritu, y la unión de vuestros cuerpos vendrá por añadidura; mas no tratéis de unir vuestros espíritus anudando los cuerpos, porque vosotros seréis los primeros engañados.

»¡Ah, las apariencias cuánto daño han hecho y hacen al hombre! Porque vivir con ellas es como vivir en casa ajena. ¿Quién arreglará una cloaca y hará creer que es un río, o quién tomará en sus manos una flor de tela y la venderá por natural?

»Sabed que en vuestras manos está la calidad de la generación por venir. Si un cuerpo se forma en el desequilibrio, ¿qué le pediréis? Mas si fue formado en el amor, ¡cuánto equilibrio traerá al mundo!

»Esto es ser casto: utilizar la energía sexual y no ser utilizados por ella. Proyectarla para dar la vida y abstenerse de usarla si no se va a dar la vida; porque liberarse no es seguir al cuerpo, que es ciego; ni hacer caso del deseo, que es vano; ni escuchar el egoísmo, que es vacío, sino trascenderlos y transmutarlos en nosotros para bien del mundo.

»Todo en la naturaleza hace esto. Aprended pues de ella.

EL DINERO

Y uno de entre ellos le preguntó:

—Maestro, ¿qué nos dices del dinero?

Y él los llevó a todos a un valle por donde corría un río cristalino, y todo cuanto crecía en aquel lugar lo hacía en armonía, y les dijo:

—Si levantáramos ahora una pared en medio del curso de este río, ¿acaso no estaríamos estancando y cortando su corriente? Y mientras medio valle quedaría sumido en la abundancia y se empantanaría, ahogándolo todo, el otro medio permanecería en la sequedad más absoluta.

»Mirad que solo el egoísmo del hombre levanta esa muralla que obstruye el curso del río de la vida. Y sus ladrillos son el dinero.

»¿Y qué es el dinero sino un medio que en manos egoístas destruirá y en manos del amor construirá y llevará el alivio a todos aquellos que necesitan?

»Sabed entonces que el dinero en sí no es ni bueno ni malo; es el uso que le da el hombre lo que hace bueno o malo su corazón.

»Cuando el hombre comprenda que todo cuanto se le da no solo es producto de sus manos sino de su evolución y que algún día tendrá que rendir cuentas, no de lo que hace sino de aquello que deja de hacer; cuando no vea como una voluntad o altruismo darse a los demás sino como una obligación;

Campos de Ronda

cuando sienta más por los corazones que están fuera de su pecho que por aquel que lleva en su pecho, dirá: «Me he de abrigar en aquel que tiene frío. Me he de amar en aquel que odia. Me he de sobrellevar en aquel que sufre».

»Y entonces irá y se abrigará dándoles abrigo. Irá y se amará dándoles amor. Irá y se curará dándoles comprensión.

»Y el dinero será un medio en sus manos para evolucionar en todos sus hermanos.

VESTIDA DE BLANCO

Estaban todos sentados en un jardín, bajo las ramas de un nogal. Y todo era paz en aquel lugar. El sol se iba tras las montañas y una ligera penumbra se adueñaba del aire.

Y un niño le pidió:

—Maestro, háblanos de la alegría.

Y él le miró dulcemente, y después miró a cada uno de los que estaban allí y con voz suave como la de la brisa que sube del fondo de los tajos así decía:

—Se ha dicho: la alegría es la fuente de la juventud. Y yo os diría más: es el agua que alimenta su raíz y limpia sus hojas y la hace crecer sana, como crece una higuera con buena tierra.

»Mas mirad que la alegría no es el jolgorio, ni la risa, ni la diversión.

»La alegría va siempre vestida de blanco y cuando asoma a la boca lo hace en una simple sonrisa que llena los corazones y diluye la tristeza.

»Y cuando asoma a los ojos, casi siempre arrastra a las lágrimas, pero estas no son de llanto sino de gozo.

»Y cuando viene a las manos, estas desearían que sus dedos se hicieran plumas y pudieran volar hasta el horizonte del sueño donde todos somos UNO.

»Y si llena el pecho, este se inflama como una alada esperanza y una quietud suspendida.

»Cuando venga hasta vosotros la hermana alegría, abridle el corazón, y ella se sentará sobre él y enseñoreará vuestros días y también vuestras noches.

»Con su luz disipará la oscuridad que siembra las dudas, y con su perfume cambiará el olor del egoísmo y la vanidad.

»Cantad, pues, hermanos para que la alegría sea siempre en todos los pechos y hable por todas las bocas y mire por todos los ojos y se dé por todas las manos. Pidamos porque ella vuelva a la Tierra de la mano del AMOR y la PAZ.

LA ESPERANZA MATERIALIZADA

Como las higueras de los caminos. Como los chopos que juntos se miran en el río. Como los almendros del valle de Abdalajís, cuando se visten de blanco en primavera. Como los atardeceres.

Así es la quietud del maestro.

Y unos padres que venían con sus hijos le pidieron:

—Hermano mayor nuestro, háblanos de los niños.

Y él, sentándose en un recodo del camino a la sombra de unos álamos, invitó a todos a sentarse, y así les decía:

—Son los niños la esperanza materializada de una nueva generación. Son ellos un nuevo impulso de las generaciones para subir más alto en la evolución. Ellos son como flores tempranas que con alborozo buscan el camino hacia el sol de la sinceridad y el cariño. Y como las hiedras esperan la humedad de la tarde, ellos esperan la comprensión.

»Mirad que un niño es una semilla que las manos de sus padres han de sembrar con cariño en la tierra de las circunstancias, pero sin apartarle el alimento de la «explicación».

»Yo os diría: aprended a ser hermanos en edad de vuestros hijos, y ellos os enseñarán un mundo que se adormeció en vosotros porque no supisteis retenerlo. Ellos no pueden subir hasta vosotros; sin embargo, vosotros sí podéis descender hasta ellos para ayudarles a florecer; mas ¿con cuánta delicadeza cuidaréis el jardín de sus sentimientos para que no se marchite? ¿Con cuánto mimo seréis su cobijo sin ser su cárcel? ¿Seréis su aliento sin ser su ahogo?

»¿Acaso un hombre no es la educación de un niño? Mas ¿cuántos hombres hay en que la «educación» mató al niño? ¿Cuántos hay que todos los días tapan la boca a su niño interior y se van de la mano de la hipocresía y de sus amigas la mentira y la apariencia?

»¿Acaso no se ha hecho de la educación la ciencia de enseñar a saber aparentar?

»Así se diría del hombre que cuando llega a cierta edad hay de todo en él menos de «él mismo». Esto es lo que crea hacia fuera un mundo ficticio y aparente lleno de formulismos y complejos, mas alejado de la naturalidad.

»Y mirad que es la madre flor fecundada por el polen la que en su sacrificio se deshoja y marchita para dar el fruto, su hijo, y todo esto lo hace en el silencio de su corazón. Así mismo es la madre la que se ha de sacrificar en sus hijos y llevarlos por el camino de sus albores, con la ternura y el calor que solo ella puede darles.

»Sabed que toda civilización empieza a declinar cuando la mujer olvida qué es ser madre. Las generaciones que nacen de ella no son equilibradas y los frutos que trae su vientre, ¿a qué amparo vienen a nacer?

CUANDO
TÚ NO ESTÉS...

—Maestro, tú que andas por encima de las ilusiones y que conoces los recodos más ocultos y secretos del corazón de la vida, dinos: ¿qué será de nosotros cuando tú no estés aquí y no podamos verte con los ojos de la cara, ni oírte con los oídos?

Y él miró al horizonte y, después miró al cielo y señalándolo, les dijo:

—Mirad que mientras tengáis estrellas que aviven vuestras noches, yo estaré con vosotros.

»Mirad que mientras las miréis, me estaréis mirando y si aprendéis a escucharlas, me escucharéis.

»¿Veis cómo reposa la noche y cómo os invita a meditar? Vendrán noches en que ya no veáis mi presencia; mas esas noches huid de la mentira de los ojos, porque yo estaré más cerca aún de vosotros.

Y llevando ambas manos al corazón, apretó con fuerza su pecho y continuó diciendo:

—Buscadme aquí y dejádmelo por asiento, y haré de cada uno un altar, y haré de cada boca y de cada paso mis pasos y de cada sufrimiento mi sufrimiento. Y allí donde esté en El Uno Santo, vosotros seréis en mí.

Entonces un niño se soltó de los brazos de su madre y vino a sentarse a los pies del maestro. Y él, tomándolo en sus brazos, así hablaba:

—Mirad que los niños son la esperanza de la raza que asciende buscando la sabiduría. En ellos se pueden remediar errores y renovar la esperanza de un mundo mejor.

»Llevad con mimo su educación y velad sus sueños para que no sean pesadillas.

»Mirad los pajarillos, que cuando salen de una nidada, cada uno vuela en una dirección y a su aire y cada uno habla con la vida de una forma.

»Pensad, pues, que del nido de la familia, cada uno trae un camino y una meta. No hagáis daño imponiendo vuestro camino y vuestra meta a todos vuestros hijos; antes bien, ayudadlos para que el fin que traen lo puedan realizar con holgura, y compongan con su trabajo un canto de armonía en El Uno Santo. Sabed que el deseo ahoga y el cariño puede matar, mas el amor siempre libera.

EL OJO DEL ESPÍRITU

Y dijo Abul Beka:

—Sed humildes como los espinos que nacen en los lugares más pobres y desolados para no reflejarse en los espejos del agua. Y aun cuando caen las lluvias se visten con un poco de verdor para confundirse con el terreno donde nacieron.

»Porque si veis, la vanidad de una rosa tan solo dura un soplo de vida, y no ha despertado aún al nuevo día cuando viene el viento y la deshoja.

»¡Mirad los lirios, cómo se adornan con todos los rayos del arco iris de la primavera para después, con tan solo una helada de amanecer, quemarse en toda su pomposidad!

»Mas muchos hay entre vosotros que día a día ven estas cosas pero quieren ser ciegos a ellas y prefieren decir: «Hoy voy a tomar lo que la vida me ofrece y ya mañana cambiaré mi rumbo» Y no saben que la vida, poco a poco, los vuelve más sordos a sí mismos y más ciegos a la luz. Y no saben que cada día y cada noche se enturbian más sus pasos.

No dejéis que os lleven las apariencias de las que se visten las cosas, para ser codiciadas. Dejaos llevar mejor por el ojo del espíritu, que nunca engaña y os dirá siempre lo que es real.

»No os dejéis llevar por las apariencias que entren por vuestros oídos en forma de palabras porque muchas son las lenguas que, como espadas, hieren y nacen para herir.

Escuchad vuestra voz interior, que siempre está en vosotros y os conforta en los sudores de la existencia y os dice cuál es el camino más conveniente y no el más agradable. Oídla, y oiréis a nuestro Padre Dios común que mora en vosotros.

»Y cuando vengan con violencia, porque sea una ofensa para algunos de vuestros hermanos vuestra paz y calma interior, recibidlos con alegría y decidles: «Hermanos, os perdonamos porque aún no sabéis lo que hacéis, ni sabéis lo que hacemos. Llegarán los días en que también vosotros ofrezcáis esos cuerpos y deis la vida por aquello que ahora vuestra ignorancia nos la quita».

Tajo de Ronda

UNA ARAÑA CON UNA HORMIGA

Así hablaba Abul Beka en la tarde. Medina Runda le escuchaba con el corazón y hasta el Guadalevín llevaba hacia el valle su palabra. Y les ponía ejemplos para que, por semejanza, comprendieran:

—Ayer vi cómo dialogaban una araña con una hormiga. Me acerqué a ellas y oculto tras unas hiedras oí que esta última decía: «No comprendo cómo apareces y desapareces, cuando quieres, ante mí».

»La araña le respondía: «Es que tus ojos no pueden ver otra tierra que hay hacia arriba, adonde tú no podrás nunca ascender sino a través del terreno. Sin embargo, donde termina tu visión hay un mundo mucho más amplio que este que te rodea, y a él me voy en los hilos de mi imaginación. Tejiendo sabiamente estos hilos puedo pasar a otros mundos que tú nunca imaginarías».

»Y la hormiga, pensativa, le dijo: «¿Quieres decir que hay hormigueros que ascienden en vez de descender hacia la tierra?». «Ciertamente –repuso la araña, feliz–, y donde la luz te envuelve por todas las partes y llena de calor tu cuerpo y lo hace brillante como una llama. Y ahora perdona que me vaya, mas tengo cosas que hacer en el mundo de arriba». Y diciendo esto, desapareció de su presencia entre los rayos del sol.

TU MONTAÑA INTERIOR

Y una madre le preguntó:

—¿Cómo sé si doy a mi hijo aquello que necesita?

Y el maestro así le respondió:

—Si hay amor en ti, todo cuanto le des a tu hijo será lo que necesita. Mas no olvides que ante todo eres madre y tu hijo son todos los hijos. Que tu hijo no te cierre el corazón a otros hijos, sino que te lo abra aún más para comprender sus necesidades. Entonces en verdad te digo que tu hijo nunca morirá.

»Cuando se cubre el cielo de nubes y cae la lluvia sobre los campos, cada raíz toma para sí lo que necesita y todas viven en armonía.

»Cuando se derrama la vida sobre un mundo, cada matriz toma para sí lo que necesita y todos deben vivir en armonía. Solo el hombre sin saber lo que se le ha dado añora lo que ve en su hermano y lucha por quitárselo, creando la violencia.

»Mostrad a vuestros hijos el camino de la comprensión y del amor, y desterraréis la violencia.

Hacedles ver que la vida de su hermano es tan preciada como la suya propia.

»Decidles que la mejor forma de darse algo es dándolo a aquellos que lo necesitan, porque son ellos mismos.

»Decidles que no es más fuerte aquel que responde con más fuerza sino aquel que tiene más fuerza para perdonar.

»Mostradles con el ejemplo la senda, y vuestros hijos y los hijos de vuestros hijos subirán desde el valle a la montaña donde encontrarán la luz, que después expandirán por toda la Tierra.

Y uno le preguntó:

—¿A qué montaña hemos de subir para encontrar la luz? ¿Acaso estamos lejos de esa montaña... o está cerca de este valle?

Y él le dijo:

—En verdad que solo en tu montaña interior encontrarás la luz.

LA JUSTICIA

Y fue a casa de un príncipe y todos estaban contentos de tenerle entre ellos, porque Abul Beka a todos quería por igual y todos le querían, desde Medina Runda hasta los más distantes emiratos de la tierra, que llaman Al-Ándalus.

El príncipe le sentó a su mesa, le ofreció su hospitalidad y después le dijo:

—Maestro, todos sabemos de tu sabiduría: ¿por qué no nos hablas de la justicia para que cada día nos acerquemos más a ella?

Y él se levantó y, llevándolos a todos hasta la atalaya del palacio, les decía:

—¿Veis esos campos cómo viven? ¿Veis sus árboles y sus plantas, sus piedras y sus ríos? ¿Veis a los animales que pastan en la justicia? Y aún me preguntáis ¿qué es la justicia?

»De verdad os digo que el hombre, cuando trata de hacer justicia, es el que la mata; lo mismo que el poeta, cuando trata de materializar sus sentimientos, los encajona y los aquieta haciéndolos morir en las palabras.

»Solo es justo aquello que, saliendo de ti, no perjudique a nadie.

»Porque ¿habéis visto alguna flor que robe su perfume a otra, o alguna montaña que tome todas las lluvias del año para ella y deje morir de sequedad a sus hermanas?

»Y después, mirad el equilibrio de las estaciones y el equilibrio de los elementos. Lo tenéis delante: ¿no lo veis o no lo queréis ver?

»Y ahora decidme, cuando juzgáis a un hermano vuestro, ¿no estáis juzgando en él vuestras faltas?

»Mas vosotros decís que es justicia social lo que os interesa y ocultáis lo que no os interesa.

»Salís limpios a la calle y olvidáis que no estáis limpios porque hermanos vuestros pagan vuestra limpieza con su miseria y mendicidad.

»Os ponéis colgantes y perlas, y no sabéis que son sudores y lágrimas.

»¿Acaso aquello que os sobra no es lo que falta a otros? ¿Tanto se endurecieron vuestros corazones, hijos de hombres, que no veis esto?

SEMBRAD BIEN

La mañana era un ruiseñor y todo el valle eran muchas alondras. Y Medina Runda era como un hormiguero de cal entre las sierras.

Y Abul Beka se sentó en medio de la plaza de los nogales y muchos venían a él para saciar la sed de búsqueda. Y así les decía:

—Cuando un período culmina, todo se adormece, porque cada civilización tiene un trayecto y una meta. Y también se le da unos medios para subsistir, mas el fin de ella viene del abuso de los medios y de como los utilizó.

»Sobre la superficie de este mundo han sido muchas las civilizaciones, que han ido depurando a las razas y también han ido depurando a la Escuela del Mundo. Mas ellas son como seres que nacen, viven y mueren en el río del tiempo.

»De verdad os digo que a una civilización la llena una misma generación de espíritus, así que son ellos mismos los que recogen en su final aquello que sembraron desde sus comienzos.

»No os apenéis, pues, ni digáis: «¿Qué es esto que ahora nos aflige y nos entristece y altera nuestro vivir?». Porque esto no es sino el fruto del árbol que todos sembramos. Y es un fruto amargo porque no se sembró con amor, ni se cuidó con esmero, ni se encauzó en medio de la alegría.

»Mirad, si tenéis que vivir en un campo y todos los días tomáis sus frutos pero os olvidáis de reponerlos, tomáis de su fecundidad pero os olvidáis de alargarla y mantenerla, tomáis pero no dais y cuando lo hacéis es para sembrar hierbas que, más que vivificar, destruyen, ¿cómo os quejaréis, hijos del hombre, cuando él no produzca? ¿Con qué rostro lloraréis y pediréis al cielo para no recoger la cosecha de descuido que habéis sembrado?

»Si contamináis sus aguas, ¿acaso esperáis el milagro de que algún día no se vuelvan amargas todas las aguas?

»Si contamináis el aire, ¿acaso esperáis un día el milagro de que no se contaminen todos vuestros pechos?

»Si contamináis el medio con pensamientos no buenos, ¿cómo pedís que se vuelva todo bueno y que la paz y el amor llenen esta Tierra?

»Así pues, os digo: sembrad y recogeréis. Sembrad bien y recogeréis bien.

VENID A VOLAR CONMIGO

—Cerrad los ojos y dejad el cuerpo sereno descansando, y venid a volar conmigo por los senderos que el aire hace por entre los enredados desórdenes de este tiempo.

—Venid conmigo y sed como niños para poder llenaros de mí y sentir cómo mis manos aprietan vuestras manos y os dicen que no soñáis.

»Hoy he visto como las flores hablan, y como los pajarillos y cómo los árboles y las tierras y las estrellas hablan. Pero también he visto que estáis sordos y no oís.

»Hoy he visto cómo los almendros se visten de blancura para vosotros, y cómo toda la naturaleza se abre para vosotros, y cómo el hermano sol se abre para vosotros. Pero también he visto que le volvéis la espalda y preferís contentaros con ver vuestras sombras deformadas y vuestros reflejos ondulantes entre los cristales del agua.

»Y veo, hoy como ayer, que dejáis el fruto y os peleáis por comeros su cáscara amarga.

»Hermanos míos, ¿cómo os diría que dejéis la violencia y busquéis la comprensión, que dejéis el egoísmo y busquéis el amor?

»Daos todos un poco para hacer un hogar, donde vuestros hijos vivan la luz.

¡ES EL FRUTO!

Y él así les hablaba:

—Mirad las hojas de una rama cómo se afectan y se dicen: «¿Qué es este peso que tira de nosotras hacia abajo y no deja que podamos mirar limpiamente al sol?».

»Miradlas cómo ignoran y sufren porque no saben que aquello que tira de ellas es el fruto, que es la culminación del árbol y al que sirven ellas mismas desde que vinieron a la vida.

»No seáis vosotros tan ignorantes como ellas y pensad que las dificultades y las penas y los sufrimientos con que os sacude la vida todos los días de vuestra existencia no son sino el regocijo del fruto de vuestro espíritu, que empieza a madurar.

»Porque al igual que un pajarillo, que cuanto más grandes son sus alas, más difícil le es agarrarse a la tierra, así cuanto más grande es vuestro espíritu, más os alejáis del mundo y sus intrigas. Y cuando estáis en él es para tirar, en el vuelo, de vuestros hermanos.

»¿Y qué pajarillo cuando ve a sus padres salir y entrar en el nido no ansía volar con ellos y salir y entrar en el nido?

»Mas, hijos de hombres, ¡cuántos han venido a enseñaros a volar y lo más que habéis hecho ha sido cortarles a ellos sus alas y contentaros con sus sufrimientos!

Interior de la iglesia de Santa María la Mayor (Ronda)

EL VALLE Y LA MONTAÑA

Y decía:

—Un pueblo debe sentarse a las faldas de la montaña, y sus pies deben descansar descalzos en el frescor del río que riegue el valle. Así los hijos de ese pueblo cuando deseen ser «ellos mismos», subirán a la montaña, y cuando quieran olvidarse de «ellos mismos», bajarán hasta el valle. Cuando quieran ver las estrellas, subirán a la montaña, y cuando deseen ver las luces mortecinas que crean los hombres, bajarán al valle.

»Cuando deseen descansar de sus días y sus noches de trabajo, subirán a la montaña, y cuando deseen vivir el alborozo de la sensualidad y del vicio, bajarán al valle.

»Mas benditos serán aquellos de entre los hijos del pueblo que cuando bajen al valle, lleven la montaña en su corazón, y cuando suban a la montaña, no añoren ya bajar más al valle.

SON LOS PENSAMIENTOS VUESTRAS ALAS...

Aquel día el maestro dijo a sus hermanos:

—Cuando seáis como el águila, podréis conquistar el cielo de vuestro ser. Cuando voléis sobre vuestras cabezas con la fuerza que da el corazón y el móvil de la caridad.

»Entonces volaréis sobre el mundo que levantan los pensamientos de vuestros hermanos, mas no para alimentaros de las presas de las pasiones sino para serenarlas y apaciguarlas en vuestro planear.

»Mirad su vuelo de equilibrio; se podría decir que es la reina del aliento del mundo: ¡con qué maestría enlaza las plumas y se mece buscando!

»Y yo os digo: ¿vosotros no sois más? ¿Acaso no podéis volar más alto? Porque ella aún ha de apoyarse en el viento y con sus alas andar sobre él; mas vosotros, mis hermanos, cuando os eleváis en pensamiento, ¿en qué os apoyáis? Son los pensamientos vuestras alas para andar en el aire de la mente. Cuidaos pues de mantener el equilibrio y no caer a la tierra de la indecisión.

HERMANOS

Así oraba Abul Beka en el silencio de su templo interior:

—Hermanos, que os posáis sobre mis hombros y susurráis a mis oídos palabras confortables, que en el silencio de mi corazón me habláis con la lengua de la sabiduría y tocáis las cuerdas del arpa de mi alma, que estáis atentos a mis días y a mis noches, y veláis mis sueños y los sueños de mis sueños, quisiera estar con vosotros, mas aún la materia me impide disipar las distancias.

»Es ella la que a veces me hace insensible a vuestras llamadas y a vuestros sacrificios, a vuestros desvelos y a vuestro amor desinteresado.

»Vosotros aleteáis más cerca de él.

»Vosotros andáis más cerca de sus pasos.

»Vosotros os reconfortáis con su sonrisa.

»Yo os pido para que pidáis.

»Yo os llamo para que llaméis; porque sois como el aire para las alas de la oración. Sois como la tierra para los árboles y las flores del amor. Sois como el cauce del río para el agua viva.

»Vuestro hacer no es ni un susurro porque lo acalla vuestra humildad. Vuestro vestido es el silencio, y cuando os tenéis que exteriorizar, lo hacéis como si fueseis vosotros los necesitados de ayuda.

»La más grande de entre las flores que diera la santidad de la Tierra no sería sino un simple retoño al lado de la que formaría una simple imagen vuestra.

Paz y Amor a todos los seres.

TU PALACIO
QUE NO CONOCES

Un día entró Abul Beka en el palacio del visir, y todo estaba ricamente adornado y todo era lujo y vanidad. Y el visir salió a recibirlo porque deseaba que le hablara.

Y Abul Beka le dijo:

—La doctrina de la Unidad no ha prendido aún en tu corazón. ¡Oh gran visir! Crees que tu palacio es este recinto cerrado.

»Ven a otros lugares de tu palacio que no conoces.

Y lo llevó a los barrios donde las gentes se apiñaban buscando cobijo y pedían por la calle.

Y así le dijo:

—Como ves, tu palacio esplendoroso no sirve sino para alejarte del palacio real que debías reinar. Mira y dile a tus arquitectos que cierren estas grietas por donde puede derrumbarse tu reino. Y antes de buscar algo para tu comodidad, da esa comodidad a todos tus hijos.

»Entonces tu palacio no necesitará muros ni guardianes porque cada boca será un guardián y cada pecho una muralla para defenderte. ¿Acaso no sabrían que al hacerlo lo hacen para su bien?, y ¿acaso tú no estarías sereno y feliz?

¡CUÁNTA LOCURA!

Al-Mudhaffar es siempre irritable y pendenciero. Cuando anda por las calles, camina con arrogancia y cuando habla a alguien, lo hace como si fuera a un esclavo.

Siempre lleva la espada al cinto y más de una vez la ha blandido al sol para mostrar su superioridad.

Un día de este tiempo se encontró con Abul Beka y le dijo:

—En vez de despertar la «no violencia» en aquellos que te siguen, bien podías fortalecerlos y levantar violencia en ellos, porque estás haciendo un pueblo de esclavos y no de reyes.

Y Abul Beka se paró ante él y le respondió:

—Aquellos que vienen a mí hace mucho que trascendieron en ellos mismos los caminos de la violencia y del odio. Si vienen a mí es para trascender esta Escuela del Mundo, no para hacerse fuertes en ella. Para esto último ya hay otros que mejor que yo les enseñarían; porque ¿acaso el que quiere ser diestro en el engaño y los negocios no va a recibir clases de aquellos que son más duchos que nadie en el engaño y los negocios? ¿Acaso aquellos que quieren ser entendidos en leyes no van a los más entendidos en leyes? Yo no soy entendido en nada de este mundo porque mis enseñanzas no van dirigidas a los que quieren prosperar aquí, sino a aquellos que desean trascenderlo.

»Mas los que solo conocen este mundo o creen conocerlo dirán: «¡Cuánta locura hay en lo que habla!».

»También yo digo de vosotros: ¡cuánta locura hay en cuanto hacéis! Mas comprendo que llegará el día en que venzáis todas vuestras limitaciones y abráis los ojos. Entonces, ya, aunque viváis en el mundo, no seréis de él.

LOS SECRETOS DEL VUELO

Un padre tenía dos hijos. El mayor estaba siempre a su lado, y le servía y hacía todo cuanto salía por la boca de su padre.

El menor a todo cuanto decía su padre le pedía el por qué y nunca hacía nada que no hubiese madurado en su interior.

Un día vino la enfermedad y, llevándose al padre, sembró la desolación en aquella casa. Y con desolación quedó el hijo mayor mientras el menor hizo una nueva casa.

Así pues, decía Abul Beka:

—Enseñad a vuestros hijos a volar, mas no les impongáis la forma de hacerlo; porque quizá vosotros volasteis en la vida como gaviotas y ellos desean hacerlo como pajarillos. Quizá vosotros volasteis en la vida como halcones y ellos desean hacerlo como águilas. Antes bien, enseñadles a escoger su vuelo; mas para ello debéis conocer los secretos del vuelo que están en todas las formas de volar.

MI HERMANO EL POZO

Alháquime –decía Abul Beka– se asomó un día a un pozo y dijo: «Allá abajo hay alguien que viste igual que yo. Cada vez que me asomo, él también se asoma, y cuando levanto la mano para saludarle, él rápidamente, y al mismo tiempo, levanta también la mano para saludarme. Parece como si leyera mis pensamientos, porque, cuando lo miro fijamente a los ojos, me responde en el lenguaje del silencio.

»Cuando estoy triste, él está triste. Cuando estoy lleno de alegría, él está lleno de alegría».

»Y Alháquime se pasaba las horas asomado a la boca del pozo y algunos días se olvidaba hasta de comer. Cincuenta lunas cambiaron y Alháquime iba todos los días al mismo lugar.

»Y era considerado un sabio porque en todo aquello que aconsejaba estaba la sabiduría. Y venían de todas las partes para pedirle consejo. Y muchos le preguntaban: «Maestro, ¿dónde adquiriste tanto conocimiento?».

»Y Alháquime siempre le respondía: «Mi hermano el pozo me desveló todo cuanto os transmito...». Y su boca enmudecía y no decía más.

»Entonces muchos, por curiosidad, se asomaban al pozo, pero lo más que veían eran sus rostros reflejados en el agua, mas no se veían a sí mismos.

Y Abul Beka reflexionaba:

—Mirad que el amigo más cercano que tenéis sois vosotros mismos. Aprended a amarlo y a conocerlo. Porque ¿cómo entonces sabríais amar y comprender y ayudar a aquellos que están a más distancia de vosotros?

LLORAR DE GOZO

Y decía Abul Beka:

—¿Cuántas veces lloran las hiedras y lloran las flores? ¿Cuántas veces lloran los caminos y lloran los pueblos? ¿Cuántas veces lloran las montañas y lloran las estrellas? ¿Cuántas veces lloramos los hombres? Y ¡cuántas son las lágrimas que limpian el corazón y traen la calma, como la lluvia trae la calma a los campos y limpia el aire! Porque, ¿qué separa a la alegría del llanto? Todos los días se sientan juntos con el pecho y desde que nació el primer suspiro están juntos.

»Por eso, no comprendo a los hombres que dicen que el llanto no es de hombres. Como no comprendería a las flores que dicen que el rocío no es de las flores. Ni comprendería al río que dice que no es suya el agua.

»¿Quizá sea que el hombre ya no sabe llorar? ¡Quizá sea que en cada generación es más insensible, pero esto es como si una tormenta se pudiese quedar con toda el agua y no se hiciese lluvia y vivificara con ella los campos.

»No es el llanto sino un sentimiento para el que, al quererlo cubrir, se le han quedado cortas las palabras. No es el llanto sino la humillación del que se cree fuerte y la culminación alegre del que sabe que es humilde. Porque no hay mayor alegría que el llorar de gozo y no hay mayor pesar que el llanto que nace de la ignorancia.

Callejuela de Ronda

LA SOLEDAD

Y decía Abul Beka:

—Cuando la soledad viene vestida con trajes de seda y con gran majestad, desconfiad de ella porque no es la soledad sino el tumulto que viene a engañaros, disfrazado.

»Porque la soledad va casi desnuda y solo de vez en cuando, al presentarse a los hombres, lo hace vestida del silencio.

»Cuando se acerque a vosotros, os dirá: «Hermano, vengo a ti porque me ha llamado tu corazón. Déjame que me siente en él y descanse, y te traiga también a ti el descanso».

»Y el ignorante le responderá: «¿Quién eres tú, a quien no conozco? Vete de mí y deja que te olvide, saliendo en busca de la diversión».

»Y el sabio le responderá: «Mi hermana, ¿acaso en algún momento dejaste la morada de mi corazón? Tú fuiste ya mi nodriza en la cuna y mi fiel centinela durante el paso de todos mis días y mis noches. Y serás la que me entregue a la hermana alegría cuando despierte a la Luz. Y fuiste la que habló por mi boca y la que tañó el arpa de mi alma para deleitar el alma de los hombres. Tú fuiste la que me dio a beber del cuenco de la sabiduría y la que me prestó su levita de silencio».

»Muchos te temen porque temen estar solos.

»Muchos sufren al verte porque no te saben ver.

COMO UN LAGO ESTANCADO

Así hablaba Abul Beka, el poeta:

—Aquel que guarda para sí es como un río que se queda con toda el agua de la lluvia y no quiere depositarla en el mar.

»Es como un lago estancado donde tan solo puede haber descomposición.

»¿De qué serviría a las nubes no hacerse agua para vivificar los campos? ¿De qué serviría a los árboles quedarse con sus frutos y no ofrecerlos a las manos necesitadas de los caminantes para calmar el hambre?

»Decidme: ¿acaso no es cerrarse los caminos? ¿Acaso no es romper el fin de las existencias?

»Mas muchos decís: «¡Pero he de guardar para mañana!».

»Y yo os digo: aquello que guardáis es el precio que pagáis por vuestra esclavitud.

Y otros decís: «Pero tengo mujer e hijos, y tengo que pensar por ellos».

»Y yo os respondo: no manchéis la palabra «familia» con el egoísmo y la avaricia, porque cierto es que habéis de mantener a «una familia» pero sin romper otras familias. Cierto es que necesitan de vosotros, mas tomad esto mismo por ejemplo y pensad que otros están en situación de más necesidad.

»Si sois padres de familia es para comprender mejor a otros padres de familia, no para aislaros en vuestro egoísmo y decir: «Bastante tengo en mantener a estos o en hacer esto o aquello».

»¿Acaso no sabéis que cuando en vuestros corazones deseáis ayudar, es Nuestro Padre Dios Común quien lo hace por vosotros? ¿Por qué, entonces, temer perder algo?

LAS DOS OVEJAS

Y una oveja le dijo a otra:

—¿Qué es para ti la vida?

Y la otra le respondió:

—Es un prado lleno de hierbas frescas hasta más allá del horizonte. Es un árbol donde guarecerme del sol y la lluvia. Es un arroyo de agua transparente donde poder calmar la sed.

Y de nuevo le preguntó:

—¿Tú crees en alguien superior a ti que te guíe?

Y ella volvió a responder:

—Soy una ciega en medio de muchas ciegas y lo más alto que puedo ver es la copa de los árboles. Y sin embargo noto como una mano invisible que por las mañanas nos trae al prado y al caer la tarde nos encierra a todas juntas. Dicen que es la madre, nuestra protectora. También dicen que cuando desaparece de nuestra presencia una de nuestras hermanas, va a ella. Y que todos los días la alimentamos de nuestra leche y la cubrimos en nuestra lana. Y tú, ¿qué dices?

Y la primera oveja le contestó:

—No creo que alguien mayor que nosotros necesite de nosotras para quitarnos, sino para darnos. Y veo más a nuestra madre en esta naturaleza que nos da el alimento sin pedirnos nada que en esas manos que nos quitan la leche y nos quitan el abrigo y nos sacrifican. Porque solo puede ser madre nuestra aquella que al darnos no nos pida nada; ¿acaso al quitarnos algo no se lo quitaría a sí misma?

Y las dos ovejas siguieron pastando.

Y decía Abul Beka:

—Por el «como hace» conoceréis la mano de Dios en el hombre.

BUSCAD... **BUSCAD...** BUSCAD...

—Buscad, como las madreselvas buscan la humedad de las paredes, vosotros buscad el respirar de vuestras almas.

»Buscad, como las águilas buscan el aliento del aire y su mano potente que las tome y las eleve en remolinos, vosotros buscad la fuerza de la voluntad.

»Buscad, como las raíces ahondan la tierra y la oscuridad de la tierra buscando el agua, vosotros buscad el agua viva para quitar la sed de la boca de vuestro espíritu.

»Buscad, como los almendros buscan la primavera y se visten de novia para recibirla, vosotros buscad la pureza y vestid vuestros corazones de ella.

»Buscad, como el río corre buscando el mar y después se expande y se pierde para ser uno con todos los ríos que se pierden y se esparcen en el mar, vosotros buscad la luz para expandiros en ella con todos y ser Uno.

»Buscad, como busca la higuera a la orilla del camino ser su sombra y dar sus frutos, vosotros buscad en qué podéis dar frutos y dadlos sin pedir.

EL DESPERTAR

Y cuando despertó la mañana sobre Medina Runda, Abul Beka miró los campos y miró las flores y los cielos y a la gente, y elevando las manos le dijo:

—¿Acaso hay algo más grande que el despertar? ¿Acaso hay algo mayor que el despuntar del alba por el horizonte del hombre?

»Muchas generaciones habéis tenido en el sueño y es la hora de que despertéis a la luz.

Y uno se le acercó y le preguntó:

—Maestro, ¿qué nos dices cuando nos hablas de que tenemos que despertar? ¿Acaso ya no estamos despiertos?

Elevando la mano hasta el horizonte y señalándole, le dijo:

—Mira las semillas que llenan los campos. ¿Acaso los frutos que ves no son su despertar?

—Bien sabes que en el sacrificio de su muerte lleva el nacer a un estado mayor, porque ¿si el grano de trigo no muriese como grano, acaso nacería como espiga?

»Y ahora, dime: ¿no tienen deseo de quedarse sin germinar aquellos que hacen de la vida su morada y se enquistan en ella? Son como las semillas que, recogidas, se pierden en un rincón del granero y nunca se echan sobre la tierra.

—Has de saber, pues, que para despertar han de morir muchas cosas en ti.

»¿Qué es el despertar de la noche sino el día? Busca, pues, ese día en ti, y no te contentes con acurrucarte entre las tinieblas y el calor aparente de la ignorancia.

Campos de Ronda

VESTIDURA ESPIRITUAL

Y decía Abul Beka:

—Los días corren unos tras otros, como corren las estaciones unas tras otras, y los años y los siglos.

»Mas los días no mueren, ni mueren las estaciones, ni los años, ni los siglos. Simplemente dejan de ser de una forma para nacer de otra forma. Cuando se va la primavera, ¿acaso ha muerto la primavera? Al año siguiente volverá distinta y renovada, estirando su talle y pintando de verde los caminos.

»Un fruto puede decir: «Yo estoy maduro, tómame para tu alimento. Mas el hombre que ve más no lo tomará hasta que tenga el color de la maduración.

»Igual os digo: no porque digáis que sois sabios seréis tomados por ello; porque los que velan por el mundo ven el tono de vuestra vestidura espiritual, y él no engaña.

»Dedicaos a madurarlo con la entrega y el sacrificio del desapego.

»Venced el egoísmo y caminad hacia la maduración consciente; pronto tendréis el tono que busca el recolector y podréis ser elevados para saciar el hambre de los que buscan la luz.

¿ACASO NO SOY
TU LATIDO Y TU ALIENTO?

—Hoy –decía Abul Beka– he mirado al cielo y, elevando las manos he dicho en mi corazón: Padre Nuestro Común que vienes en el viento de las montañas, que haces palpitar la vida y llenas de alados pensamientos nuestras almas.

»¿Qué es sino tu lengua la que habla en el río y grita en los torrentes y medita en los lagos y descansa en el mar?

»¿Qué son sino la palma de tus manos los valles y las laderas de las colinas? ¿Y acaso no es tu respirar el viento que todo lo vivifica y mueve? ¿No son tus suspiros las brisas que suben desde las costas hasta las montañas?

»En tu pecho están todos los corazones y en tu frente todas las esferas, y en ellas, las almas.

»¿Cuántas veces te busqué estando en Ti?

»¿Cuántas subí a la montaña porque soñaba con verte en sus cimas?

»¿Cuántas bajé de ella con el corazón dolido y la mirada caída y diciendo: «Me has abandonado, mi Padre Dios, no merezco tu latido ni tu aliento?».

»¡Ignorante de mí! ¿Acaso no soy tu latido y tu aliento? ¿Hay algo que no sea tu latido y tu aliento? Hasta lo que llamamos muerte no es sino otra modalidad de ese latido tuyo y de ese tu aliento?

»¡Cuántas veces moví mis pensamientos e indagué entre las letras de los más viejos pergaminos por encontrar una definición de Ti! ¡Me olvidé de que Tú eras mi pensamiento, su móvil y aquello que buscaba! ¡Que tú eras el principio, el medio y el fin de mí mismo y tan solo en mi mente te separabas porque ella vive en el tiempo!

ESTE ES EL SECRETO

Y dijo:

—Había dos hombres en un pueblo y uno siempre estaba en los lugares públicos y siempre estaba calumniando a sus vecinos y levantando testimonios falsos de sus hermanos del pueblo, y nada más llegar algo a sus oídos lo agrandaba diez veces cuando salía de su boca, y nada más saber algo que dejaba mal a alguien, decía: «Ya lo sabía... Si esto no podía salir bien...». Y siempre estaba colérico y los días eran amargos para él y las noches eran tristes. Solo le escuchaban aquellos que en sus corazones eran iguales que él, y entre ellos se justificaban y no veían sus torpezas.

»Y había otro que todas las mañanas se sentaba en la plaza pública y sonreía a todos y a todos les daba ánimo, y a todos sus hermanos que le pedían ayuda los socorría con el corazón y no pedía nada a cambio. Y cuando se enteraba de algún problema, iba y, en silencio, pedía por el que lo tenía para que le vinieran fuerzas y los trascendiera. Y su pecho se llenaba de plenitud cuando estas cosas hacía. Y cuando le preguntaban de qué parte sacaba tanta felicidad, él respondía: «Cuando levanto mi cuerpo por las mañanas, no debo nada al día anterior y cuando lo dejo por la noche, no debo nada al día por venir.

»Cada día me trae lo que necesito y se lleva lo que no necesito. Cuando mi mente quiere volar, me monto en ella, pero nunca la dejo ir sola: este es el secreto».

RAÍCES...

Y un niño que jugaba con otros niños lo vio pasar, y dejándolo todo, se fue tras él para escucharle. Y el maestro, señalándolo decía:

—Mirad que, para él, aquello que deja es tan valioso como si vosotros dejarais vuestras casas y vuestras familias y todas vuestras posesiones.

»Bienaventurados vosotros que podéis dejar porque tenéis y más bienaventurados aquellos que más tienen porque más pueden dejar.

»Envidia os tiene la montaña, que no puede dejar de ser montaña para hacerse nube.

»Envidia os tiene el hermano árbol, que no puede ni por un instante dejar de ser árbol para hacerse águila.

»Y la hermana rosa ¡cuánto daría por volar como una mariposa! Vosotros podéis dejar todo cuanto se os dio, para probaros.

»Y cuando guardáis, no hacéis sino alargar las pruebas, hasta atrofiaros, como se atrofian los árboles viejos y echan raíces cada vez más profundas.

PARA VERTE A TI MISMO...

Varios años tardó un almendro en asomarse a la orilla de un río. Ya estaban sus flores abriéndose a la existencia, cuando por primera vez vio su imagen reflejada en sus aguas. Entonces, lleno de gozo, exclamó:

—Me siento en esas ramas tan bellas que veo y parece como si contemplara mis formas; preguntaré a mi hermano el río para que me oriente.

Y el hermano río, que le escuchaba, le dijo:

—Te veo en mí mismo como un almendro. Y en verdad te digo que eres el más bello de todos cuantos se acercaron hasta mí a lo largo de mi curso.

Y el almendro le preguntó, porque era muy curioso:

—¿Cuál es tu misión, hermano río?

Entonces el río le respondió:

—Hacer consciente en ti lo que eres al igual que hacer consciente en cada uno de los hermanos que vienen a mí aquello que son. Porque tú has nacido como almendro, mas solo lo has sabido al reflejarte con toda tu belleza en mi superficie cristalina.

Le respondió el almendro:

—¿Acaso no es una ilusión el creer que soy ese reflejo e identificarme con él y ser uno en él?

—Cierto es cuanto dices –repuso el río–. Mas para transcender las cosas hay que conocerlas. Para trascenderte en tu forma has de conocer la forma que te ha dado la mano de la evolución para verte a ti mismo.

LA LUZ DE **AQUELLA CASA...**

Y un día hablaba así:

—Había una vez una familia que vivía en una mísera casa con tejado de ramas y muros de madera, y cuando venía el hambre, pegaba a la puerta de aquella casa con más fuerza que en ninguna y después se quedaba a descansar en ella.

»Uno de entre los días, llegó a su puerta un peregrino y, sentándose, esperó la caridad. Entonces, el padre le dijo: «Sé bienvenido a tu casa. Todo cuanto tenemos compártelo con nosotros».

Y tomándolo de la mano, lo llevó a su pobre casa, y quitándose su abrigo, lo abrigó, y quitándose su bocado de alimento, lo alimentó.

Y Abul Beka dijo:

—En verdad os digo que vi más caridad en aquella casa que en todas las mansiones de Medina Runda juntas. En ellas se da lo que sobra, y en esta, se dio lo que necesitaban para ellos mismos.

»Mirad con el corazón, y veréis la luz que despedía en el plano del sentimiento aquella casa, y qué aura de quietud tenían sus moradores y qué serena armonía interior se respiraba en aquel hogar.

EL MODELADO DE UN ALMA

Y un joven vino y, sentándose frente al maestro, así hablaba:

—En todo cuanto me enseñan las ciencias de los hombres no noto sino un vacío, y cada día no veo sino que me salgo más de «MÍ MISMO» en vez de conocerme más a «mí mismo».

»¿Por qué ocurren estas cosas, maestro?

Y él le respondió:

—Mi hijo, la mayoría de aquellos que imparten conocimientos no hacen sino decir lo que otros dijeron, sin vivenciarlos en ellos, y toman como una rutina algo tan serio y trascendente como es el modelado de un alma.

»Otros desean hacer en sus corazones; pero es tan fuerte y grande el edificio que levanta la inercia y la ignorancia que se sienten empequeñecidos e impotentes.

»Mira que la educación no es sino dar los medios y las circunstancias necesarios al niño para que «desde dentro» él mismo se eduque. Darle un abanico de posibilidades para que cuando empiece a madurar pueda tomar a voluntad aquello que más le convenga. Hacerlo verse en todas las cosas. De esta forma se contribuirá a la evolución y no al estancamiento.

»¿Acaso la juventud no son ramas nuevas del árbol de la humanidad que tratan de llegar al sol del conocimiento por nuevos caminos?

»¿Por qué entonces decir de ella que es ciega y cerrarle los caminos porque la generación que la precede fue incapaz de aventurarse por ellos o creó otros distintos?

»Se dice de la juventud que está loca, y no se piensa que igual locura padecería un águila si le recortásemos las alas para que no pudiese volar y, con el egoísmo de tenerla para nosotros, le impidiéramos aletear por el cielo que a nosotros nos fue vedado porque también se nos cortaron las alas de la búsqueda.

»Mas muchos ignorantes dirán de esto: «Si no le cortamos las alas al águila, se irá y no volverá». Y yo les diría: «¿Acaso no tiene derecho a buscar amor entre las estrellas del cielo ya que no tuvo sino incomprensión entre las piedras de la Tierra?».

»Mira que el niño nace sano y limpio y no son sino las circunstancias y «los consejos» los que lo van viciando. No culpemos pues al joven de aquello que hace, sino a aquellas cosas que lo hicieron así. Pero le es más fácil al hombre culpar que reconocer su culpa. Le es más fácil al hombre decir esto está mal que arreglarlo él mismo.

»Por esto y más cosas, mi hijo, la tiniebla del egoísmo empaña aún a la Escuela del Mundo y le impide respirar fraternalmente y comprender que todos somos Uno hacia la Luz.

EL MÁS BELLO CANTO

Iba con el grupo de hermanos de Medina Runda y se le acercó un niño y le dijo:

—Maestro, dame algo para calmar la sed y hambre que hay en mi familia.

Y él le respondió:

—Aún la vida no se ha desperezado plenamente, aún no ha abierto sus alas ante ti y ya vives su crudeza. Mas no tengas temor, porque de aquellos que labraron su vida sobre la áspera roca de las necesidades, salió el más bello canto que conoció el hombre y la fuerza más humana que lo mueve. No te adormezcas en la marcha.

»Piensa que esta carga que deposita en tus frágiles hombros la vida será la que los haga duros y fuertes como columnas de mármol.

»¡Cuántos hijos de hombres hacen de sus vidas un invernadero donde se cuidan a sí mismos en la comodidad! Mas luego quedan por toda la vida encerrados en él y cuando viene el invierno de las necesidades, y rompe sus puertas y ventanas, se secan.

TODAS LAS PALABRAS DEL MUNDO...

Y así hablaba:

—Mirad, había una vez hace mucho tiempo un anciano que vivía en un pueblo. Y era mucha la sabiduría que salía de su boca y muchas las obras buenas que salían de sus manos. Y uno de entre los días el anciano calló y no volvió a hablar. Y todos en el pueblo se admiraban porque, cuando iban hasta él para consultarle sus problemas, a lo más esbozaba una sonrisa y por respuesta miraba al cielo.

»Pasó mucho tiempo y poco a poco el anciano fue olvidado, y poco a poco iban menos a preguntarle la solución de sus problemas.

»Y una tarde cuajada de flores su discípulo más íntimo, aquel que le había acompañado desde su niñez, le preguntó: «Maestro amado, ¿qué encierras en tu silencio? Te pido por el cielo que desveles este misterio a mi entendimiento y serenes mi corazón».

Y él le dijo: «Hijo mío, cuando alguien pregunta desea que se le responda aquello que piensa. La mejor respuesta que puedes darle es el silencio.

»Hace algún tiempo que descubrí mi error y desde entonces no hablo. Dejo que cada uno haga lo que debe hacer, porque ya la vida le dirá en qué erró y él mismo aprenderá de su experiencia. Antes, cuando hablaba, lo único que hacía era responderme a mí mismo en voz alta. Ahora, cuando guardo silencio, ya soy yo mismo la respuesta.

»Hijo mío, aunque tú no lo comprendas aún, cuanto más sabes de la verdad más te acercas al silencio. Las palabras sólo sirven para comunicarnos a ciertos niveles; cuando se trascienden, sobran y entorpecen».

Y después miró una flor y, señalándosela a su discípulo, le dijo: «Todas las palabras del mundo juntas no dirían ni un décimo de lo que dice esta flor sin hablar. Pero los hombres se han acostumbrado a las palabras y se han olvidado de dónde vienen. Son como aquellos que se acostumbran al perfume y se olvidan de la flor».

VOLANDO EN LA HUMANIDAD

—Como la mano del aire invisible y fuerte.

»Como la voz del mar monótona y profunda.

»Como los pies del otoño cansados, cansados de cambiar.

»Como el pecho del verano rebosante de calor.

»Como la cintura de la primavera verdeando de esperanza.

»Como la cara del invierno llena de sabiduría.

»Como la hermana nube que pinta en el azul del cielo un pensamiento y después se diluye y pasa, hasta otro pensamiento.

»Como en el cielo del ser, la mente es una nube.

»Como los hermanos pajarillos volando en un gran pájaro que es la Tierra.

»Como la Tierra volando en el gran pájaro que es el sol.

»Como el sol volando en el gran pájaro que es Sirio.

»Como... El hombre volando en la humanidad.

»Como buscando, así soy «yo mismo».

¡MÉDICO, CÚRATE A TI MISMO!

Y uno que era médico entre ellos y tenía gran fama por sus conocimientos; alzando la voz le preguntó:

—A ti que llaman maestro, porque cuando hablas, dicen que sale la sabiduría de tu boca y cuando haces dicen que sale el amor de tu hacer, dime: ¿nosotros podemos realmente, con nuestros conocimientos, sanar?

Y él así le hablaba:

—Cuando llega el otoño, mueren todas las hojas; mantenerlas en el árbol es no conocimiento.

»Cuando muere el gusano, nace la mariposa; alargar su ciclo es no conocimiento.

»Vosotros trabajáis con el temor a la muerte y, por ello, deseáis aumentar lo que llamáis vida.

»Mas ¿qué oruga desearía estar un segundo más en su lecho de oruga si supiera que esto la haría retardar el ser mariposa?

»¿Y quién de vosotros lograría alargar la vida un momento más que aquel que el ser que le genera le ha puesto?

»Mirad que una sonrisa llega al corazón y un halago lo llena de esperanza y un buen trato lo relaja; mas estas medicinas no les fueron dadas a todos los médicos.

»Y decidme si, a veces, no os alejan del hombre los libros que os hablan de él; porque más cura el amor que los ungüentos y más puede la entrega que el conocimiento. ¿De qué sirve la inteligencia con un corazón vacío? ¿De qué sirve la ciencia si sólo os da el conocimiento de una de las partes del hombre, y no la fundamental? ¿Cómo curaríais a un árbol conociendo sólo su corteza, y cómo estudiaríais el espíritu que aletea un ala o el latido que modela la vida del cuerpo donde late?

»Vuestra ciencia os vuelve orgullosos y altivos, y esto muestra cuán falsa es; porque la verdadera ciencia no ciega a sus hijos sino que los vuelve más humildes y comprensivos.

»Fue dicho: médico, cúrate a ti mismo; porque en verdad es a ti mismo a quien curas si curas a otro. Y sólo poniéndote en su lugar con todo tu ser, con todo tu entendimiento y con todo tu corazón podrás darte algo en él.

UNA FLOR
A OTRA FLOR...

—Mirad, mis hermanos –decía Abul Beka–: el otro día, paseando por los jardines que dan al Tajo y visten sus piedras de verde, cerca de la fuente que llamamos de las Esmeraldas, mientras empezaba a desperezarse en el espíritu de la primavera y se abría a la vida, oí una flor que decía a otra flor: «Todo mi pasado se presenta como un recuerdo oscuro en mi nublada memoria, y mi futuro como una vasta incertidumbre. Soy el hilo que une el tiempo, materializado en un revoloteo y un ansia, pero sé que tengo un fin y es fundirme con el áureo resplandor de la mañana.

»«Pues yo, hermana –le respondía la otra–, no deseo sino expandir mi perfume; porque con él me extiendo más allá de mi forma y puedo acariciar otras formas y llenarlas con mi aliento.

»Entró en conversación una tercera y les dijo: «Yo, sin embargo, mis hermanas, cada día veo más que somos lo que DAMOS. Y si realmente quisiera ser una rosa, sería para poderme DAR más.

POMPAS VACÍAS

—Vosotros, dejados de la vida. Vosotros, los desheredados, que vais acompañados de la hermana hambre y de la mano de la hermana tristeza. Que dormís en las calles y buscáis en las basuras lo que otros dejan. Vosotros, los hijos conscientes de mi padre, que tuvisteis fuerza y por ello se os cargó con todas estas cosas y se os hirió con esta plaga para limpiar vuestras alas y dejar la Tierra; porque tanto más alimenta el hambre que la saciedad, tanto más llena el vencer las cosas que dejarse llevar por ellas, como se deja llevar un tronco seco por la corriente de un río.

»Vosotros, que no deseáis porque vencisteis en vosotros mismos todo deseo, y si os arropáis, esperáis que la vida os arrope, y si tenéis frío, esperáis que el frío os quite el frío, y si tenéis sed, esperáis que la sed os quite la sed. No critiquéis a aquellos hermanos vuestros que aún necesitan que la vida sea pródiga con ellos; porque todo lo que les da lo habrán de devolver. Antes bien, rogad por ellos al cielo porque no saben lo que hacen. Son como niños que se ilusionan cada día y se van detrás de pompas vacías de ilusiones, para que después al tenerlas se desvanezcan dejándolos en la insatisfacción y el hastío. Y decidles: «Servíos de las cosas pero no seáis sus esclavos; utilizadlas para aumentar la felicidad en el mundo, mas no para aumentar la pesadumbre y la maldad. Ante todo, sed sinceros con vosotros mismos y no dejéis que la tentación justifique como bueno lo que en vosotros sabéis que es malo y os hace mal».

EMPECEMOS LA CLASE...

—Hoy he mirado las noches de mis días y los días de mis noches. Y en el vuelo, cuando se apagaban los ojos porque ya no tenían la luz del día, se encendieron en mí los ojos del Espíritu.

»Bendita Luz Esencial que llenas el horizonte de mis esperanzas y me haces ver que todo lo que miro con estos cristales es un sueño que se da la mano con el otro sueño de la noche cuando acuesto mi cuerpo sobre el suelo de la Tierra.

»Por las mañanas, cuando entro en el cuerpo para empezar el día, cuando toco con los nudillos de mi mano astral su frente, digo: «Empecemos la clase que nos trae el nuevo día, que las circunstancias donde me ponga la mano del ahora sean para madurar en el tiempo de la evolución, y para despertar en «mí mismo».

»Y entonces, visto a este vestido y lo calzo, y lo limpio, para que me dure el tiempo necesario y pueda ir con él hasta el último momento que me marcaron los ancianos de la vida.

»Después abro los ojos de sueño y veo la escena monótona donde estoy haciendo este papel y me digo: «Sea mi fin sembrar en ella la paz y el amor. Y sea mi fortaleza la entrega a mis hermanos que aún creen que el cuerpo que visten son ellos».

UN HOMBRE NUEVO

Y así meditaba Abul Beka:

—No quiero vivir la ilusión que me trae la luz de esta vida. No quiero que me adormezca con su aparente realidad.

»No deseo dejarme llevar por las formas pasajeras, que,a lo más cabalgan en el tiempo unos decenios y, después, se evaporan y deforman hasta diluirse de nuevo en la tierra.

»Pido no entrar en la ilusión del oro y de la plata que relucen como soles y lunas. Que deslumbran a los ojos y cierran los corazones y los pintan de mezquindades y los encierran en los moldes del egoísmo.

»No es mi deseo sentarme en ilusiones de grandeza y creer que soy grande. Ni pensar que, porque me llamen pequeño, soy pequeño. No busco ni lo grande ni lo pequeño. Me busco a «mí mismo» en mí, a través de los demás: es la única realidad. Tampoco deseo las alabanzas y voces huecas de las generaciones que se transforman y forman como las estaciones del año. Sólo deseo la luz. Y estar pronto a servir en cualquier lugar en que me coloque la mano del tiempo. Yo voy buscando a la verdad, como quien busca a un amigo íntimo. Y si en mi eterno peregrinar a través de las vidas, buscando la vida, me senté a descansar algunas veces en el camino, fue para santificar también el paisaje y adorar a la creación.

»He buscado muchos eones para darme cuenta de que «YO MISMO» era a quien buscaba.

»He buscado, y de esta búsqueda ha nacido el tiempo.

»He andado, y de este andar ha nacido el camino.

»He rezado, y de mi boca ha nacido la palabra creadora.

»He llorado, y de la amargura de mi corazón ha nacido un HOMBRE NUEVO.

LOS OJOS DEL ESPÍRITU

Una tarde llena de suspiros de viento, Abul Beka se había reunido con algunos hermanos y hermanas, y les decía:

—En verdad os digo que en la oscuridad de la noche me levanto y, dejando mi vestido, ando con el pensamiento y vuelo con sus alas más allá de las estrellas. Y vosotros cada noche también lo hacéis, mas vuestra falta de fe lo borra, como el viento borra del árbol las hojas secas del otoño.

»Vendrán días en que el hombre sea limpio como los niños, y entonces se abrirán sus ojos y la naturaleza le descubrirá sus secretos.

»Porque ¿qué veis con estos ojos que tenéis sino la muerte y el pasado de las cosas? ¿Acaso las cosas del espíritu no escapan y son como vacío ante ellos, como pompas de nada?

Y uno se levantó y dijo:

—Maestro, tú nos hablas de otros ojos que no son estos y que ven aquello que no ven estos. Dinos, ¿cómo sabremos de ellos y de qué existen y cómo los abriremos?

Y Abul Beka lo miró tiernamente y con voz dulce, como una tarde de mayo, le dijo:

—Hay algo, hermano, que te hace venir en pos de mí, y es que empiezas a ver. En verdad te digo que cuando más me comprendas, más me verás. Y el día que me veas en ti, en verdad que ese día verás con los ojos del espíritu. Mas ese día habrás matado los ojos de la carne que son tu egoísmo.

Y sabed que es el espíritu de la verdad el que habla por mi boca. Yo sólo soy un humilde aprendiz de aquello que digo y el primero que se ofrece para hacerlo y llevarlo al plano humano; porque ¿cómo podría hablar un junco a una higuera de los frutos?

»Cuando veis cómo cantan y bailan los músicos y con qué arte mueven las notas, podréis decir: «¿Cómo es posible adquirir tanta maestría en una vida?». Mas yo os digo que son muchas las vidas que pasaron para aprender dentro de si los acordes y las armonías de la naturaleza, y muchas pasarán hasta purificarse y emular las del silencio de Dios.

»Velad, pues, para que podáis ver en la verdad de las cosas y no en sus apariencias y sombras.

PAZ, PAZ Y AMOR...

Así meditaba Abul Beka:

—Hermano pájaro y hermana nube. Hermano árbol y hermana flor. Hermano cielo y hermano sol.

»Hermana llanura, que acaricias mis pies cansados. Hermana agua, que en la lluvia alimentas los campos, y en ellos alimentas mi boca.

»Hermanas estrellas, que animáis mi pecho y mi corazón, y en el sueño de la vida me alentáis. Cuántas...! ¡Cuántas veces he caminado con vosotras y a vuestro lado buscando la luz! Sois mis hermanas de viaje y cuando nadie me miraba, vosotras estabais conmigo y lavabais mi frente.

»¡Cuántas veces, hermano monte, me diste calor en tus laderas y cuántas me hablaste al oído sobre aquellos tiempos en que aún eras un tierno valle! Me diste tu mano de siglos para apoyarme cuando mi alma sentía desaliento en aquellos atardeceres de mi infancia, en que aún buscaba y creía que el conocimiento estaba encerrado en las semillas, o bajo las hojas del jardín, o en el interior de los olmos.

»Muchas tardes andaba «el camino viejo», creyendo que los pasos de mis pies me podrían acercar a él.

»O me subía hasta las copas del nogal para alcanzar las estrellas cuando venían de noche. O le preguntaba a los pajarillos sobre sus secretos. Pero no los entendía. Y conforme iba creciendo, sentía que me alejaba más y más de aquellos mis hermanos. Hoy los he vuelto a encontrar después de mucho tiempo. Hoy ya sé lo que me quieren decir.

»Y de verdad os digo que si pudiese transcribir aquello que me hablan al lenguaje de los hombres, sería algo así: «Paz... Paz y amor. Paz y amor».

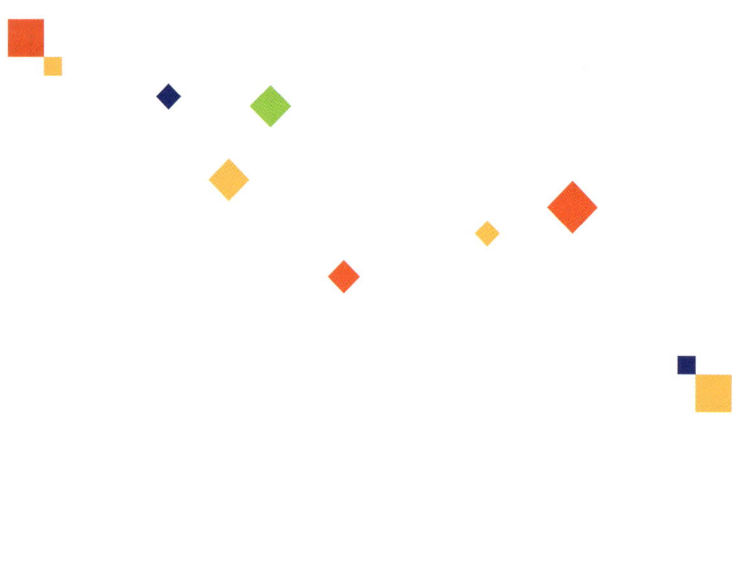

UN ECO **LEJANO...**

Y dijo Abul Beka:

—Un día de los muchos que forman un año, me acerqué a una charca que había a un lado del camino. Me senté sobre una piedra para meditar.

»Estaba abstraído en mí mismo cuando se acercó una rana y dijo: «Siento como una voz, como un susurro, como un eco lejano y no acierto a saber de dónde viene. Siento algo a mi lado muy grande y no lo veo. Estoy sorda y ciega. Mis oídos no van más allá de aquellos matorrales y mi vista no es mayor que las dimensiones de mi charca».

»Yo la miré y le dije: «Hermana rana, si yo te abriera mi mundo, llenarías todas tus ilusiones. Mas en mi estado me encuentro en la misma incertidumbre que tú. Aunque mi vista se aleja más allá de todos tus horizontes y mis oídos oyen más allá de tu mundo. Y sin embargo, ni oigo ni veo nada».

»Pero ella no me oyó, y tan sólo llegó un murmullo a sus oídos. Ni me vio... porque tan solo apareció una sombra.

CUANDO EL ESPÍRITU ES NO NACIDO

Y decía Abul Beka:

—Los árboles dan sombra; mas las sombras se estiran, aunan y diluyen movidas por el sol, y el árbol sigue quieto.

»Los muros de las casas dan sombras que se extienden hasta llegar a otros muros. Y después se retiran para dejar que esos otros muros hagan lo mismo. Así juega el sol todos los días con las calles; pero ellas siguen quietas e imperturbables.

»Cuando se levanta la mañana, empieza a vivir en el río y el río la refleja, y todo el día late al son de las ondas, para morir cuando nace la noche; pero el río sigue igual.

»Mirad la piel de las montañas; cuando nace una estación, le da una entonación y cuando muere, viene otra entonación distinta traída por la estación vecina. Y así vienen en oleadas en el tiempo las estaciones cogidas de la mano; pero las montañas siguen igual.

»Cuando el espíritu se viste y se refleja en este plano de la vida y toma un cuerpo planetario, no es este, sino su sombra, y a lo más dura el tiempo que el sol de la vida juega con él. Después se diluye hasta que otro día de nuevo el sol de la vida arranque una nueva imagen. Así muchos son los que caen en adorar sus sombras y morir con ellas, para nacer en otra nueva.

¡Qué ilusión es la de morir y nacer cuando el espíritu es no nacido!

DESIERTOS INMENSOS...

Y él les decía:

—El hombre tiene muchas ventanas hacia fuera; pero ¿cuántas tiene hacia dentro?

»Hay muchos lugares dentro de él donde nunca ha dado el sol y lugares donde ni tan siquiera se ha plantado un árbol.

»Hay desiertos inmensos en la zona del corazón donde apenas ha caído la lluvia del amor ni han nacido las flores de la vida.

»Y ¡cuántas cabezas están como llenas de burbujas de dudas y no dejan que entre el viento de la comprensión y las disipe!

»He mirado por dentro de muchos hombres y he visto el almacén de sus rencores y la biblioteca donde archivan todo lo vivido. He visto contaminados muchos ríos de naturalidad en sus interiores. He olido el hedor de sus pensamientos hirientes. Y el humo viciado de sus maledicencias. He tocado la frialdad de sus almas apenas convertidas en tenues llamas de mariposas. He subido por la escalera de su médula y he visto intactos, unos tras otros todos los centros esperando la mano del conocimiento que los limpie y active para crear al hombre consciente.

»En pocos hombres he podido respirar el perfume del equilibrio, y sentir el deleite del altruismo y sentarme a la sombra del árbol que creó el desapego.

¿NO COMPRENDES QUE ANDAS EN CÍRCULO?

Y decía Abul Beka:

—Iba un día solitario con mis ideas y entre ellas y yo dialogábamos, buscando...

»Y el hermano camino se curvó como una culebra y se cerró como una circunferencia, sin que yo lo notara.

»Paso un hermano, y viéndome muy extrañado, me dijo: «Mi hermano, ¿acaso quieres seguirte a ti mismo? Llevas mucho tiempo tras tus pasos sin adelantar nada; ¿no comprendes que andas en círculo?».

Y como si me despertara de un sueño, le dije: «Gracias, mi hermano, porque me has sacado de esta pesadilla; ahora comprendo el porqué de muchas cosas».

EL FIN DE LA META

Y así meditaba en voz alta Abul Beka:

—Recuerdo la misma vida que modeló este cuerpo y lo sacó del mismo cuerpo del planeta. Y a su imagen modeló muchos otros cuerpos para que el mismo espíritu los usara como guantes, para sentir el calor de la experiencia.

Recuerdo las mismas estrellas, que han visto cómo nació este mundo y ahora ven cómo retoza, como los mundos niños, buscando el mismo latido que otros muchos buscan en el universo. Sintiendo con su corta edad las mismas tentaciones y cayendo como todos los de su edad en las mismas faltas.

»Y recuerden todos, porque la ignorancia del hombre es sentirse aislado, como la ignorancia de la cresta de una ola, que por un momento levanta su cabeza en la llanura del mar y cree no ser mar.

»Y recuerden todos ese camino, que, por muy recto que una dos metas, esclaviza a todos aquellos que no lo hicieron con sus pasos. Bendito aquel que toma el sendero más corto porque llegará antes.

»Mas benditos todos los que llegan, porque al llegar, verán el camino desde arriba, y fuera ya de él, verán el principio y el fin de la meta delante de ellos; porque una piedra nunca pensará en llegar andando a la montaña, pero la añora. Y tanto la añora que se mueve en sí misma, después repta, después anda, después vuela y después su pensamiento crea las manos que llegando a la cima la depositan en ella. Todo esto es el tiempo: deseo.

Casa de don Bosco (Ronda)

UN SOPLO DE TIEMPO

—Sí, una rosa es una rosa, porque habla con el viento dejando un vacío en el ambiente, como sólo lo deja el espíritu de una rosa.

»Cuanto vemos lo definimos, y con ello sólo ponemos nombre a lo muerto de la vida, y lo llamamos vida.

Cuanto tocamos lo sentimos, y con ello sólo retenemos sensaciones que a lo sumo perduran un soplo de tiempo, para después, tan solo, dejar memoria.

Cuanto pisamos no son sino pasos sobre pasos en un tiempo sin tiempo y en un camino que imaginamos.

Sólo aquellos que al mirar no miran ni se engañan en aquello que ven. Sólo los que tocan y aprecian de lo que tocan aquello que nunca podrán tocar. Tan solo los que andan sabiendo que no están andando empiezan a encontrarse y a romper la ilusión de este espejismo.

ALAS DE FANTASÍA

Y un niño se le acercó junto con otros niños y, tirándole de la túnica, le decía:

—Maestro bueno, ¿por qué no nos hablas hoy, como otros días, y nos cuentas de tus cosas? Porque sólo tú te paras y nos escuchas, y tan solo tú miras como miran nuestras madres.

Y Abul Beka se sentó con todos ellos y así les hablaba:

—¿Veis a los pajarillos cómo se sientan también para escucharnos? ¿No notáis cómo las hojas de los árboles se inclinan para darnos más sombra? ¿Sentís cómo la naturaleza os cobija entre sus manos y os protege en su pecho?

Y un niño se levantó y dijo:

—Maestro nuestro, ¿sabes?, yo veo a un amigo que siempre va conmigo y que cuando nadie me oye él me oye; y que cuando nadie me ve, él me ve. Muchas veces le hablo; mas los mayores dicen que es mi cabeza, que tiene alas de fantasía, y se ríen de él y de mí. Dime, ¿tú también te reirías?

Y él le respondió: –De verdad te digo que cuando la inocencia llena la vida es cuando únicamente no se está solo. Aquellos que se ríen de ti ya mataron a su amigo y su compañía, y se sumergieron en la apariencia de creer que están rodeados de amigos y compañías. Ellos ríen en ti aquello que mataron y también desean que tú lo mates.

Y después, mirándolos a todos, les dijo:

—Mirad que no dejéis nunca de guardar a vuestro amigo en el corazón. Él es el único que conservará vuestra infancia. Y de verdad os digo que aquel que logre de vosotros seguir siendo un niño, a través de todas las etapas que, como zancadillas, os pone la vida, se convertirá en maestro de los hombres para volverlos como niños.

EL «PENSAMIENTO HOMBRE»

Y decía:

—He visto pasar una tras otra las generaciones que han llenado esta edad; y aún sentado he contemplado las edades que han llenado todo un tiempo.

»He estado viendo al hombre desde que no era sino un pensamiento y un esbozo en las manos de la creación. Después vi cómo tomaba forma y en cada Escuela Planetaria tomaba una de acuerdo con la adaptación. Poco a poco caminó, midió a los elementos, y otro día voló más allá de su reflejo.

»Y algún día se levantará despierto, y entonces comprenderá su porqué. Entonces cada paso será un nuevo universo y cada paso será una nueva vida.

»Mirad que el «pensamiento hombre» no es sino un peldaño de un ciclo dentro de otros muchos ciclos, como la mariposa es un peldaño del ciclo de la vida de una oruga; mas cada peldaño a su vez consta de muchos peldaños. En el «pensamiento hombre» el Espíritu está aún en esbozo, aunque ya lucha por volar, y en el vuelo va tomando conciencia de «sí mismo»: esto es el conocimiento.

COMO EN UN CONTINUO PRESENTE

—Como las hermanas mariposas con su vuelo inseguro, de flor en flor, buscando el alimento.

»Como los pajarillos de árbol en árbol buscando un recodo adecuado y cálido donde sembrar su nidada.

»Como las hermanas hormigas donde el espíritu del hormiguero se estira y va a buscar su alimento hasta las copas de las rosas para beber en su cáliz el agua del rocío y en sus hojas la leche fresca de los pulgones.

»Como el alado chopo y el místico ciprés.

»Como el sombrío olmo.

»Como la fugaz florecilla de un recodo de la primavera.

»Como la tosca piedra y el polvoriento camino.

»Como el río de cristal y el mar eterno.

»Como las hermanas estrellas, soles de otros mundos hermanos, llenos de otras humanidades hermanas de esta.

»Como el retorno.

»Como la llama encendida esperando la mano del aire que la mueva, la avive y la haga hoguera.

»Así, como en un continuo presente, son todos mis estados.

ENTRE ALARIDO Y ALARIDO...

Y Abul Beka les hablaba como en parábola:

—Un día paseando por el campo pude observar cómo un hombre se subía trabajosamente a un árbol y este, vencido por el peso, doblaba lastimosamente su tronco.

Entre alarido y alarido decía: «¡Qué necios son los hombres; pueden volar con sus pensamientos y posarse más allá de las estrellas, y me han de desvencijar para ver lo que guardo en mi copa! ¡Cuándo comprenderán que conociendo las ramas que cierno a la altura de sus ojos pueden conocer lo que hay en aquellas que se elevan a más altura!».

A TODAS LAS TIERRAS DE AL-ÁNDALUS

Cuando viene la hermana tarde, y suspira y se mira en el valle, todo se nubla y languidece. Y el día se deshoja como un lirio cuando lo toca la mano del aire.

Él andaba en silencio por el camino que en los años dejaron miles de pies buscando.

Y miró hacia atrás y venían muchos detrás de él. Entonces sus ojos se turbaron y su rostro se cubrió de pena, pero pronto afloró una sonrisa a sus labios y, parándose, así les decía:

—Pueblo de Runda, tu corazón es tierno y tu espíritu limpio y tu alma honda como el Tajo.

»Pueblo de Runda, levanta tus ojos y mira al horizonte. Levanta tus manos y abraza a las montañas hermanas, y besa al viento para que lleve este beso de amor y paz a todas las tierras de Al-Ándalus.

»Pueblo de Runda, expande tus alas y vuela y no dejes que te adormezca la mezquindad de esta vida. Ni dejes que te lleven las palabras. Ni dejes que te arrastren por los cerros de las dudas ni los desfiladeros del egoísmo y la envidia.

»Pueblo de Runda, toma ejemplo de las flores, y mírate en los pajarillos y siéntete en las abejas. Y cuando te vistas del silencio, yo estaré a tu lado moviendo tu corazón.

...Y VERÉIS LO QUE SOIS...

—Un pajarillo me dijo un día: «He volado y volado buscando las alas que me hacen volar y la fuerza que me mueve, y no la encuentro».

»Y yo le respondí: «Hermano mío, también el hombre anda buscando su camino y la fuerza que lo hace andar y no se da cuenta de que es «él mismo.»

»Y una palmera que nos escuchaba, dijo: «Dejad de filosofar y tomad mi ejemplo. Cada ser es lo que da. MIRAD LO QUE VEIS, Y VERÉIS LO QUE SOIS».

»Y después miré hacia arriba y vi que muchos pajarillos dormían en su seno.

LOS OJOS DEL CORAZÓN

Y estaba con todos cuando vino su madre y así le decía:

—Hijo mío, la quietud que llena tu corazón es la mejor bebida que toman mis labios, y el brillo que ilumina tus ojos también ilumina mi corazón al contemplarte. Hace mucho que no vienes a mi casa, que es tu casa, y que no hablas a tu madre, que soy yo.

Y él la miró tiernamente y la sentó a su lado y así les decía a todos:

—Mirad que no hallaréis en este mundo a ningún ser más cercano a vosotros mismos que no sea vuestra madre.

»Y mirad que aunque no la queráis mirar ni reconocer porque los velos oscuros de las circunstancias os cubran los ojos del corazón, así es.

»¿Qué madre no dejó de comer para que vosotros comierais? ¿Qué madre no se limpió para manteneros limpios? ¿Qué madre no sufrió vuestras penas antes de que se sembraran en vuestros corazones y se extendieran por vuestros pechos?

»¡Y cuántas veces en sus manos encontramos el apoyo para volar! ¡Y cuántas otras de sus manos vimos las primeras estrellas!

»Dar a nuestra madre es como dar a la vida; porque por ella nos dio y por su vientre entramos en la Gran Escuela del mundo.

»Descastados serían aquellos que no pusieran una corona de flores sobre su cabeza y una flor de calma sobre su corazón y una sonrisa de alegría sobre sus labios.

Y mirando a su madre, así le dijo:

—No me obligues a estar donde ya estoy. Ni me pidas que vaya hacia atrás. Ven tú conmigo y andemos hacia delante. Yo soy tu prolongación en el futuro, y tú eres mi sostén en el pasado. Mas ¿qué es el futuro y el pasado en el eterno ahora, donde moran nuestros espíritus y donde se visten y desvisten con almas?

»Ayer tomé un trozo de tu vestidura para cubrirme y así hoy poder hablar y cubrir a muchos con mis palabras; porque es en ti donde la naturaleza se puede quebrar en otras partes para arropar al espíritu y para que la luz pueda trabajar en la Tierra, y modelarla y darle forma y elevarla y transmutarla, y darle alas...

TODO FUE PUESTO BAJO EL CIELO

Y decía:

—Durante mucho tiempo se ha dicho: tomad el trigo y recogerlo con esmero, porque, de él, sale el pan que os alimenta; mas tomad los espinos y juntadlos para llevarlos al fuego, porque no os dan alimento y os roban el jugo de la tierra.

»Y yo os diría: aun los espinos que veis al lado de los caminos o en los campos para algo sirven, y cuando los echáis al fuego, con ellos quemáis vuestra ignorancia, porque todo fue puesto bajo el cielo para algo, pero es más fácil decir esto no sirve que ahondar en sus últimos secretos.

»Mirad las montañas heladas donde apenas si crecen los arbustos, y viven tan sólo la víbora y el alacrán. Ellas, no deseando nada para sí, toman las lluvias y aunándolas con los pliegues de sus faldas, las dejan ir por sus laderas para fertilizar los valles y hacerlos florecer.

»Ellas no desean nada porque están arriba, y el mar lo recoge todo porque está abajo. Así, el más humilde de los hombres ha de estar lleno como el mar, y para ello ha de bajarse al resto de los hombres, y vacío como las montañas, porque de esta forma de él beberán muchos hombres.

MÁS DIFÍCIL QUE **AGRUPAR LOS PÉTALOS...**

Y vino uno y le dijo:

—Maestro, he cometido una falta, y el principio de conciencia que hay en mí no trae sino continuos remordimientos a mi esencia. Hace apenas un ayer que levanté calumnias contra un hermano mío, y con palabras las extendí por todas las partes adonde llegaban mis pasos. Dime, ¿qué haré para remediar este mal?

Y él así le decía:

—Ve y llena tus manos de pétalos de rosas y cuando se ponga el sol por el horizonte, pon un pétalo en cada lugar donde levantaste el mal contra tu hermano. Después al día siguiente vuelve por todos los lugares recogiendo los pétalos de rosas que pusiste, y cuando los reúnas todos serás perdonado.

Y él se fue muy contento para hacerlo. Pasaron varios días y volvió al maestro con el rostro triste y, con la angustia en sus labios ,así le decía:

—Amado maestro, hice todo cuanto tú me mandaste; mas cuando fui a recoger los pétalos que había depositado sobre los distintos lugares de mi mal, ya la mano del viento de la tarde se los había llevado de allí, y en su lugar no encontré nada.

Entonces el maestro lo miró con compasión y así le respondió:

—Aún más lejos que ha lanzado el viento los pétalos de la rosa, lanzó la maledicencia los pensamientos que tú depositaste en cada corazón contra tu hermano.

»Y más difícil que agrupar los pétalos es agrupar el mal que hiciste y quemarlo para que no se extienda más.

»Que esto te sirva de ejemplo, y desde hoy cierra la boca a la crítica, desde hoy mírate en todo aquello que es fuera de ti, para que tus pensamientos sean de alabanza. Desde hoy mira en tus hermanos aquello de bueno que los inunda y no acrecientes lo malo que los afea; porque mira si un árbol tiene flores hermosas cuando lo toca la mano de la primavera, y sin embargo ¡cuántos hay que sólo observan de él la rama que yace seca y no dio flores!

RECOGIENDO SUS FRUTOS

Y con la voz potente como un vendaval, decía:

—¡Ah de aquellos que sólo piensan para ellos con pensamientos de egoísmo, porque nunca serán felices ni harán felices a los que los rodean!

»¡Ah de aquellos que olvidándose de «sí mismo» atiendan más la lengua de los demás y sus maledicencias, porque no tendrán hora en el día en que su pecho esté tranquilo!

»¡Ah de aquellos que ven la cojera de su compañero de camino, y la critican a viva voz y no comprenden que su lengua está podrida, porque aquello que ven son «ellos mismos» y nunca podrán encontrar su purificación porque creen que ya son puros!

»¡Ah de aquellos que cuando abren la boca es para sembrar separación bien entre dos hermanos, entre región y región o entre nación y nación, porque muestran qué pequeño es su espíritu y qué niña es su mente, y no saben lo que es ser «ciudadanos del mundo» e hijos conscientes de la humanidad!

»¡Ah de aquellos que levantan a unos contra otros en el nombre de Dios, o del honor o de la fama; más les valiese no haber nacido, porque sus propias conciencias harán que huyan del amor y no lo comprendan ni lo sientan en toda su plenitud!

»¡Ah de aquellos que mintiendo se levantan sobre sus hermanos los hombres, porque cuanto suban será para su caída!

»¡Ah de aquellos que miran con una cara y piensan con otra, porque nunca conocerán la sinceridad ni sabrán la naturalidad que guarda la vida para sus hijos que conservan la inocencia!

»¡Ah de aquellos que se quejan del papel que les ha dado la vida y todos los días y las noches de su existencia piden al cielo el papel de su vecino, porque no conocen la vida e ignoran sus leyes y nunca llegarán a trascenderse, porque todo papel tiene su parte mala y su parte buena y cada espíritu ha de hacer muchos papeles si quiere aprender en la Escuela del Mundo!

»¡Ah de aquellos que defienden un ideal hasta matar, si es necesario, a un hermano que defiende otro ideal, porque no comprenden que el mayor ideal de todo ser humano es respetar la vida de sus semejantes, y a él se debe inclinar cualquier otro ideal. Ni comprenden el dicho: «Si quieres preservar tu vida, no mates nada», porque lo que sembrasteis antes de este tiempo sembrado está y ahora estáis recogiendo sus frutos; pero lo que sembréis en este tiempo aún estáis en él para poderlo madurar!

UN INSTANTE DE LA HUMANIDAD

—Hoy he bajado hasta el mar para preguntarle: «¿Dónde está tu espíritu?»

» Y él me dijo: «Mi espíritu está en la gaviota. Desde ella, donde me hago aire, me miro a «mí mismo». Y después aleteo por toda mi superficie viendo lo podrido y viciado que hay en mí, y lo limpio».

»Entonces le pregunté: «¿Y el espíritu del hombre, dónde está?».

»Y él, muy bajo, me susurró: «Vive en su corazón, habita en la cabeza y siente en la humanidad. Mira que un hombre es una cresta de una ola y el hombre es el mar. Mira que un hombre es un instante de la humanidad».

»Entonces en aquel momento vino una ola y dijo: «Si no fuera por ti, ¡oh mar!, ¿cómo sería yo? Gracias te doy porque me creas de ti y me vuelves a ti, después de haber dejado una señal en el horizonte».

CADA UNO TRAE UN CAMINO

Y vino y, sentándose a su lado, posó sus ojos más allá del horizonte por donde se pierde el sol, y con voz suave como el canto de la brisa así le decía:

—Ayer cuando te fuiste de mi lado se nubló toda la aurora de mi vida y mi cuerpo no fue más que un junco, ni más que un espino abandonado de los caminos. ¿Por qué te alejas de mí como se aleja un pajarillo de su nido o las hojas secas se alejan de su rama?

Y él la miró tiernamente y así le decía:

—Porque me ves fuera de ti crees que me voy cuando me alejo de tu presencia. Porque deseas tenerme a tu lado sufres cuando no estoy a tu lado.

»Mira que cada uno trae un camino y cada uno lo ha de realizar, y el amor es ayudar a hacerlo, mas no impedir hacerlo. Los sentimientos que nacen del corazón son buenos, mas son malos aquellos que nacen del egoísmo.

DISTINTOS GRADOS DE CONCIENCIA

—¡Oh Padre Nuestro Común!, mi esencia utilizando este vehículo planetario que me ha dado la Escuela Tierra para seguir el conocimiento de «mí mismo» a través de lo que llamamos vida, que no es sino la consecuencia de una serie de causas y efectos donde nos podemos reflejar y aprender, dice:

»Padre Nuestro Común que eres en Todo y a través del Todo en todas las particularidades que crea la ley de la adaptabilidad vas tomando conciencia de «Ti Mismo» y ese «Ti Mismo» que despiertas son los maestros y por ellos tú dices las normas para que otras partes de Ti despierten.

»Yo me pido en Ti y Tú te das en mí:

»Humildad para realizar este papel sin envanecerme.

»Fortaleza para dar fuerza a otras partes mías que creen no tener fuerza.

»AMOR para ser tu corazón y expandir tu sentimiento por toda la Escuela Planetaria Tierra, y así ella se podrá elevar de nivel para recibir la visita de otras partes «más conscientes en Ti», para acercarnos conscientemente a tu gloria.

»Porque no hay realización si no aprendemos a sentir en ti. No hay realización si no sabemos ponernos en las otras partes de Ti que también son «Tú Mismo», en distintos grados de conciencia y de ser en Ti.

ASÍ SE ABRE EL SENTIMIENTO

Y les decía:

—Cuando paseáis por un jardín y oléis el perfume de las rosas, sabéis que las rosas lo habitan. Cuando sentís el perfume de los lirios o de los jazmines o de las verbenas, él os dice que allí están armonizando el jardín.

»Así os digo que del jardín del mundo nacen perfumes más sutiles y sólo percibidos por aquellos hermanos mayores en la evolución.

»¿Acaso se dan cuenta del perfume de las rosas y lo sienten los pequeños pulgones que pastan en el haz de sus hojas, o las pequeñas hormigas que suben y bajan por sus tallos, nerviosas? Al estar dentro de él se sienten «él mismo» y no lo notan.

»Este perfume que emana del jardín del mundo es el «sentimiento» que nace en sus seres y que proyectan en su «obrar consciente» hacia el exterior que los envuelve. Y así como se abren las campanillas, así se abre el sentimiento lentamente dejando que vibre todo el ser y se funda con el ser de la humanidad.

»Mirad que sois lo que dais y para dar hay que estar muy lleno. ¿Qué pide un árbol cuando nos da su sombra? Y ¿qué pide un camino cuando lo andamos? Y ¿qué pide un pajarillo cuando nos habla en el idioma del canto? Y ¿qué pide una flor cuando embelesa el ambiente y transforma el aire con su perfume? ¿Qué os pide el agua cuando os calma la sed y os limpia el cuerpo y da la humedad a vuestros campos? ¿Qué os pide el aire?

¡OH LUZ!

—Maestro, mi madre me enseñó una oración que reza así: «Oh luz, pido dentro de mí: entendimiento para respirar el aire. Sabiduría para beber el agua. Temor para respetar la vida de todo ser viviente. Paralítico y ciego estoy si no anda ni ve mi espíritu. Obedezco, no ordeno. A ti que me has dado todo, todo te lo devolveré con el conocimiento que traes hasta mí a cada instante».

Y mirando tiernamente al maestro, le rogó:

—Tráeme claridad sobre esta oración para que cuando la rece lo haga con toda mi esencia.

Y él así le decía:

—No es «el entendimiento del respirar» sino las leyes que gobiernan la toma adecuada del aliento, que es el aire. Es la mufla que aviva el fuego interno.

»No es «la sabiduría para beber», sino comprender las leyes de la naturaleza y aplicarlas a uno mismo.

»No es «el temor para respetar la vida», sino lo que da la vida; porque con qué derecho quitar algo que no se puede devolver. Y si se quita por necesidad, al menos se ha de saber elevar en uno mismo.

»«Paralítico y ciego estoy si no anda ni ve mi espíritu», porque es el «Yo Soy» en mí el que anda y ve a través del papel que hace en cada existencia.

»«Obedezco, no ordeno», porque has de saber que más mérito tiene ante el Cielo aquel que sabe obedecer que aquel que sabe mandar. Y el final entiéndelo así: solo puedes pagar con la moneda que tú mismo con tu esfuerzo ganas.

POR ENCIMA DE MAYA...

Y uno le dijo:

—Amado maestro que nos confortas con el aliento de tu sabiduría, dinos por qué nuestros corazones desean sentir el latido de tus palabras.

»¿Cómo haremos para escapar de esta ilusión que llamamos vida y romper su atracción sobre nosotros y romper su hechizo sobre nosotros?

Y él así les decía:

—Sólo despierta de un sueño aquel que hace de su soñar una pesadilla; porque ¿cómo despertaría de él aquel que lo hace agradable y en su soñar realiza todos sus deseos?

»Por ello están más cerca del despertar aquellos que más «sufren conscientemente» y están más lejos de él aquellos a los que la vida trata con mimo.

»No es la vida sino un continuo deseo prolongado en muchos deseos que se hilan unos a otros y se justifican en su malla. Y no es el despertar a la vida sino el tomar conciencia de ser por encima de Maya. Todo cuanto nos trae la mano de la evolución lo podemos hacer bueno o malo, y no es sino el uso que le dé lo que hace a algo bueno o malo.

»Mas conscientes solo os volverá aquello que conscientemente hagáis con más o menos conocimiento.

»Esto hará que algún día lleguéis al grado de razón objetiva necesaria para dejar la Escuela Planetaria Tierra y pasar a otra escuela donde podáis ampliarla; porque es el grado de razón objetiva la medida que nivela a todo ser en el universo. Esta razón sólo se hace esencia en aquellos seres que por su evolución han llegado al grado de imparcialidad imprescindible para poder sacar de todo hecho que acaece en ellos el conocimiento puro necesario para la formación y armonía de sus cuerpos.

»Solo se puede iniciar este proceso a través del sufrimiento consciente y el trabajo sobre «uno mismo». Sabed que no es tan importante que hagáis algo como el saber por qué lo hacéis y para qué lo hacéis; para ello es necesario que iniciéis el «conocimiento de vosotros mismos»; porque sin él estaréis toda la vida dando vueltas, como el asno da vueltas a la noria creyendo que avanza.

NO TENÉIS MÁS QUE ALARGAR LA MANO...

Después de la hora mágica, cuando el día besa a la noche en la cumbre de las montañas, ha salido la luna de detrás del horizonte y se ha sembrado de estrellas el cielo. Y el silencio ha venido de puntillas por el camino viejo buscando el alma de los pajarillos y de las flores, de los almendros y las manzanas, y se ha sentado como cansado bajo la higuera quebrada que sombrea el jardín.

Un perfume de jazmines sube en el aire para después caer como un velo de olores sobre Medina Runda.

Y así decía Abul Beka:

—Si sabéis esperar, el árbol os da su fruto sin violencia. No tenéis más que alargar la mano y al tocarlo se desprende vencido por la madurez. ¿A qué viene la impaciencia de muchos que van al árbol y lo zarandean y lo golpean y lo tuercen, para que desprenda el fruto?

»Y después de tomarlo en sus manos, lo ven verde y al saborearlo lo sienten amargo y dicen: «¡Este árbol es malo, cortémoslo!».

»Y yo les diría: grandes son aquellos que saben el momento y se preparan para él, y pequeños son aquellos que por su ceguera creen que todo es ciego.

SOBRE LAS **COMUNIDADES**

Y uno le preguntó:

—Maestro, ¿qué nos dices de las comunidades?

Y les decía:

»Mirad que tan sólo hay una comunidad, que es la humanidad y sólo hay una meta, que es el amor.

»Cuidaos de formar comunidades que más que uniros os separen de esta comunidad, y más que alzaros os paralicen con sus normas, sus principios y sus leyes.

»Sed de todas las partes y pensad que la misma vida os dará un cuerpo planetario para cada existencia, en el lugar adecuado de esta comunidad, para vuestra evolución y aprendizaje.

»No os unáis desde fuera, uníos desde dentro de vosotros, porque vuestra casa es el mundo y vuestro techo las estrellas de los cielos y vuestro único traje el cuerpo físico que vestís. ¡A qué vestir vuestro cuerpo de atuendos de colores o formas que llamen la atención sobre vosotros! ¿Acaso de esta forma ya no os estáis separando y sembrando separación aunque tan solo sea en el pensamiento de cuantos os miran? ¡A qué decís yo soy esto o yo soy aquello! ¿Acaso no sembráis ya separación aunque sea con palabras?

»Estad preparados para ayudar a todos, aunque ellos aún estén dentro de un nivel y tan solo miren como buenos a los que estén a su nivel.

»Vosotros debéis estar en todos los niveles y así seréis objetivos en vuestro pensar y en vuestro discurrir, para con cada uno de vuestros hermanos del mundo, y comprenderéis sus limitaciones y comprenderéis su elevación. Porque si os separa el color de la piel, o una doctrina o un pensamiento o un nombre, ¿qué valor tendrá el amor en vosotros, que esa insignificancia lo hace retroceder?

»No impongáis nada a nadie ni digáis lo mío es lo mejor, o lo nuestro es lo mejor, porque este orgullo y esta vanidad os alejan de la verdad. Simplemente hablad con hechos y sin deseos de quedar por encima de vuestros hermanos; porque el más pequeño que consideréis puede que sea vuestro maestro en la humildad y la resignación.

»Y cuando venga alguien y os pregunte, porque su nivel no alcance aún a comprender: «¿Tú a qué credo perteneces?», decidle: «Mi único credo es el amor a todos los seres de la creación y mi único fin el desapego consciente a todas las cosas de este mundo».

»Huid pues de los nombres y de los conceptos, huid de todo aquello que cree jerarquía entre vosotros. Aquel que más se olvide de sí mismo será un ejemplo. Seguidle.

Y uno le dijo:

—Yo pertenezco a una comunidad y allí todos somos muy felices.

Y él respondió:

—¿Tan débil es tu felicidad interior que debes unirte a otros para que creen a tu alrededor el ambiente que te haga florecer? ¿Qué te ocurrirá cuando vengan las lluvias y rompan los cristales de ese invernadero?

»Benditas las semillas que para sembrarse en tierra no tuvieron la mano del labrador y lo hizo el viento, ni tuvieron el agua del río a sus pies y calmó su sed la lluvia, ni las protegió la piedra ni el muro y se vistieron de la fortaleza interior; porque ellas son las que sustentan a los mundos y a las humanidades.

Y otro le preguntó:

—¿Y cómo cambiamos nuestro entorno?

Él le respondió:

—Ignorantes son las hojas que miran a sus hermanas las otras hojas y dicen: «Hemos de cambiarlas porque se mecen al viento de otra forma que nosotras y miran al sol de otra forma que nosotras». No seáis vosotros como estas hojas, porque entraréis en el sufrimiento ciego. Decid como las flores: «Unamos nuestros perfumes y prendamos al cuerpo del aire para que pongamos nuestra parte de felicidad en el jardín de Nuestro Padre Dios Común».

Y de nuevo le dijo:

—Cambiándote a ti mismo dentro de ese entorno, lo estarás cambiando más que si sales y tratas de cambiar a cien de tus hermanos.

»Aprended a ser vosotros mismos donde os ha puesto la mano de la vida, porque ese lugar y sus circunstancias son los que debéis trascender.

VENID A SEMBRAR LOS DESIERTOS

Aquella tarde, todos se sentaron bajo una gran encina. El sol ya se ponía y la mano de la noche iba encendiendo a las estrellas cuando vino uno y se sentó entre ellos, y su rostro mostraba angustia y su pecho guardaba mucha pena; y, mirando al maestro, así le preguntó:

—Hermano mayor nuestro, tú que llegas con las alas de tus pensamientos más arriba que llegan las alas de nuestros pensamientos, tú que te acercas más a la verdad y tocas con tu frente la luz, dinos: ¿Por qué se han ido las nubes del cielo y no vienen a traernos la lluvia?

»¿Por qué los ríos se secan y huelen mal y los árboles se aburren y los manantiales se hunden cada vez más en las entrañas de la tierra?

Y el maestro así les hablaba:

»Hace mucho tiempo que la necedad y la insensatez están sentadas en el corazón del hombre, y le nublan la vista y le cierran la razón. Aún piensa el hombre que no tendrá que recoger aquello que siembra.

»Mirad que tan solo se valoran las cosas cuando se pierden. Vendrán días en que todo este desperdicio que se hace en cada uno de nuestros días sea nuestra falta. Y vendrán días que llegue a nuestros estómagos el hambre de aquello que tiramos.

»Porque ¿cuántos hay que creen en vez de destruir?, ¿cuántos que antes de matar un árbol hayan posibilitado la

Puente del Tajo de Ronda

vida a otros árboles? ¡Cuántos viven sus días y sus noches en el vacío de la superficialidad y la indolencia!, ¡cuántos se hacen amigos de la comodidad y no saben sobre cuántos está sentada!

»Llenad de amor vuestros corazones y venid a sembrar los desiertos de la incomprensión y el desaliento.

»Llenad de buenos pensamientos vuestras cabezas y venid a limpiar el pensamiento del mundo; porque las tierras están secas, los corazones dormidos y las cabezas vacías.

»No exijáis nada antes de exigíroslo a vosotros mismos, y sed en vosotros mismos el primer árbol del desierto que llame al agua; porque ¿cómo llevaréis a la armonía a otros si no hay armonía en vuestros corazones?, ¿cómo llevaréis al silencio a otros si no sois ya vosotros mismos silencio? Sembraos vosotros mismos y dad vuestros cuerpos en sacrificio. Para que germine vuestro espíritu, al cuerpo será al primero que habrá de romper, como el germen de la semilla lo primero que rompe cuando busca el sol es su cáscara y después la tierra.

¿POR QUÉ **TODO ESTO?**

Y se acercó un niño y le dijo:

—He bajado a jugar a la Tierra, pero mañana cuando sea mayor y este vestido se marchite, volveré a mi casa. ¿Sabes?, mi casa está en una estrella de las muchas que llenan por las noches el cielo.

Y, mirando tristemente al maestro, así le preguntaba:

—¿Por qué mis hermanos los otros niños que han venido antes que yo ya no saben jugar, ya no saben mirar al cielo ni saben andar sobre la Tierra, ni saben cuidar los campos, ni mantener cristalinos los ríos, ni limpios los montes, ni saben hablar con los pajarillos, ni saben volar en su compañía más allá de las limitaciones de este vestido?

»¿Por qué no quieren ser hermanos de los animales ni quieren ser hermanos entre ellos? Y cuando nuestra madre la naturaleza nos da de sus frutos no esperan que maduren en los árboles, ni dejan que las flores alfombren los campos, ni permiten que el viento nos hable desnudo?

»¿Por qué no toman ejemplo de los almendros o de los juncos que bordean los arroyos?

»¿Por qué en vez de matar no dan la vida?

»¿Por qué en vez de guardar no se desprenden?

»¿Por qué estancan el río de la vida para que no riegue nuestros campos de la evolución y prefieren que se pudran sus aguas y hiedan en la descomposición del egoísmo?

»Hoy he ido a jugar con las mariposas y huyen de mi lado porque me confunden con mis hermanos.

»Hoy he ido a volar con los pajarillos y se alejan de mí porque sienten el temor en sus corazones.

»Hoy he bajado hasta el valle para jugar con mis hermanos los animales y se apartan de mí como de un enemigo.

»Hoy he ido a mirarme en un río y he visto que era un río de inmundicias, y no he podido beber de sus aguas ni hablar con sus ondas.

»Dime, maestro, ¿por qué todo esto?

Y el maestro lo miró con ternura y así le dijo:

—También de esta Tierra hay que hacer una estrella como la tuya. No te adormezcas, porque si te duermes se dormirá tu estrella y entonces ¿cómo nacerá sobre la Tierra? Y ¿acaso un maestro no es aquel niño que sabe que es niño en un cuerpo viejo y sabe hablar al niño que hay en cada uno de sus hermanos?

»Adelante mi hermano...

Y él se fue lleno de alegría.

BENDITOS VOSOTROS QUE CAMINÁIS DESCALZOS...

Y con la palabra puesta en la boca de su corazón, decía:

—Estad contentos vosotros los que hacéis de vuestros días y de vuestras noches un rosario de sacrificios y una corona de dolor, porque la purificación es la meta de vuestras almas y sus pies se van haciendo alas con el roce del sacrificio consciente.

»Estad contentos vosotros que miráis por el bienestar de vuestros hermanos con el corazón sincero y que vivís el desperezo de sus almas con alegría. Porque escrito está: «Cuanto hagáis por elevar a otros a vosotros mismos os eleva».

»Estad contentos vosotros que al levantaros miráis al sol y, mirándoos hacia dentro, decís: «Padre Nuestro Común, que el día que hoy nace sea para tu alabanza en todas las cosas. Que mis manos sean tus manos en el dar consciente. Que mi ser sea tu ser en el sacrificio consciente. Que mi voluntad sea tu voluntad, para que se realice tu deseo en mí».

»Estad contentos por encima de las penurias que os traigan las circunstancias.

»Estad contentos vosotros que, olvidándoos de vosotros mismos, esperáis cualquier momento para ser útiles a la luz y a su reflejo sobre la Tierra; porque el reflejarla no es imponerse, sino dar amor sin pedir nada.

»Estad contentos vosotros, hijos del aire, porque habéis venido a elevar a la tierra hacia el cielo y habéis tenido que mezclaros con ella para ascenderla.

»Benditos vosotros que camináis descalzos en una tierra ávida de amor, olvidada de compasión y llena de veneno de serpiente.

»Estad contentos vosotros los que comprendéis la unidad de todas las cosas con todas las cosas; porque todo cuanto sale por vuestras bocas sirve para unir y no separar, todo cuanto sale por vuestras bocas no es para herir sino para sanar, todo cuanto sale por vuestras bocas es para sembrar la semilla del perdón.

»Estad contentos vosotros, porque vuestra hermana la naturaleza os devolverá los favores que le hicisteis al cuidarla, y los mimos que le disteis en sus flores y en sus animales y en sus pajarillos. Estad contentos y pedid al cielo porque cada día sean más aquellos que también estén contentos, aunque la ignorancia del mundo los zarandee y la lengua del mundo diga de ellos que son locos.

¿QUÉ ES UN MAESTRO?

Y le preguntaron:

—¿Qué es un maestro?

Y él les dijo:

—Es aquel que te enseña en silencio. Pero su silencio se hace mil palabras para el ignorante y ninguna para el sabio.

»No esperes ver fuera de ti al maestro que aún no ha nacido en tu interior. Puede pasar todos los días frente a ti y no reconocerlo. Puede estar todos los días junto a ti y no verlo.

SOLO HAY UN MEDIO...

Y decía:

—Un lirio no pregunta cómo meditar.

»Tampoco lo preguntan los olivos, ni los fresnos, ni los robles...

»Y cuando no preguntan, meditan.

»El hombre a todo momento lo está preguntando, y mientras así hace deja de meditar.

»Sólo hay un camino para llegar. Es ser el camino.

»Sólo hay una meta para potenciarse. Es ser la meta.

»Subir y bajar es el medio. Estar en medio es el equilibrio.

SU INFANCIA ESPIRITUAL

Y decía:

—No se puede pedir a un almendro manzanas.

»Tampoco se puede pedir a una higuera almendras.

»¿Por qué entonces nos empeñamos en pedir a un avaro dádivas y a un desprendido que guarde?

»¿Por qué entonces pedimos a un orador silencio y a un silencioso discursos?

»Estas son sólo cosas de los hombres. Son cosas no naturales.

»Por esto vienen las guerras y viene la destrucción de lo de fuera: porque no sabemos darnos desde dentro lo que exigimos desde fuera.

»¿Cuándo comprenderemos que el papel ha de ser hecho por aquel que lo escoge? Fingir otro papel es ignorancia. Fingir dar manzanas en un almendro es imposible, pero para el hombre tiene probabilidad porque se enmascara con la personalidad.

»Solo exigiéndose a uno mismo puede venir el fruto, y entonces desde dentro puede venir la paz de fuera.

»Pero el hombre se preocupa una y otra vez en arreglar lo de fuera sin arreglarse dentro. Esto trae la ruina, aunque es síntoma de su infancia espiritual.

»El espíritu que da almendras en un almendro, da higos en una higuera: es cuestión de evolución.

»Pero si ha de experimentar ser almendro, que trate de dar manzanas es ignorancia de conocimiento.

SU FUEGO INTERNO

Y decía:

—Cuando se enciende el fuego y se acercan ramas, estas arden. Pero cuando arden es porque se activa su fuego interno. Nada que no tenga fuego en su esencia puede arder. Por ello, cuando acercamos la llama lo único que hacemos es despertarlo.

»Así, cuando la sabiduría toca al hombre sabio, lo enciende y al ignorante lo madura, aunque sólo desprenda humo.

»Si miráis con los ojos bien abiertos, veréis lo que está ardiendo y lo que está apagado. Lo que puede arder y lo que no ardería ni con aceite.

Y AUN ASÍ...

Y decía:

—El jazmín se conoce por su olor aun en la noche. También se conoce aun en la noche aquello que hiede. Mas en esta noche, ¿cómo se conocerá la vida? En esta noche, ¿cómo se podría ver la luz?

»Sólo nos podemos contentar con el mortecino brillar de las estrellas. Y aun así, cuando salen, se cierran nuestros párpados porque nos vence el sueño.

Vista de la Iglesia del Espíritu Santo (Ronda)

¿QUÉ ES ENSEÑAR?

Y le preguntaron:

—¿Qué es enseñar?

Y él les dijo:

—Enseñar es hacer consciente en el discípulo aquello que lleva en «sí mismo».

»Es un buen enseñante el que, olvidándose de aquello que sabe se pregunta lo que «deja de saber» en su discípulo, y en él mismo descubre el camino para saberlo.

»¿Qué le dice un estanque al árbol que se refleja en él? Y sin embargo le enseña en el silencio de sus reflejos a verse a «sí mismo».

LA LEY DEL SABIO

Y decía:

—Cuando cae el agua de la lluvia sobre las montañas, abraza a la tierra formando torrentes. Un torrente existe porque hay tierras altas y tierras bajas.

»Todo lo que está arriba es tributario de lo que está abajo. Y lo que está abajo glorifica a lo que está arriba, para que se cumpla el principio que da la vida.

»La vida nace de este bajar lo que está arriba y subir lo que está abajo, pero ella queda quieta.

»Cuando se embalsa el agua, se puede dirigir, y aprovechando su bajada hacerla que vivifique. Porque lo que sí es cierto es que al río más bajo van todas las aguas. Y ¿qué es el mar sino lo más humilde?

»Esta es la ley del sabio. La ley del ignorante es encumbrarse como la montaña, y por ello ha de tributar a todos los valles. Y cuando se queda para sí algún agua, la ha de guardar en su interior y siempre, aunque no quiera, se filtra: este es su sufrimiento.

DIGNOS DE MÉRITO...

—Dignos de mérito son aquellos que ante la ofensa ponen la humildad.

»Dignos de mérito son aquellos que ante la violencia ponen la comprensión.

»Dignos de mérito son aquellos que ante la gula ponen la regulación consciente de su vehículo planetario y lo mantienen en el equilibrio de lo suficiente.

»Dignos de mérito son aquellos que ante la lujuria comprenden el sentido de crear cuerpos planetarios para posibilitar la venida a esta Escuela Tierra de los hermanos suyos en evolución.

»Dignos de mérito son aquellos que ante la vanidad comprenden la efímera existencia de las formas.

»Dignos de mérito son aquellos que ante la incomprensión la comprenden en los demás porque cada uno es un nivel y un grado de conocimiento.

»Dignos de mérito son aquellos que ante la ingratitud erigen el amor; porque aquellos que realizan el acto perfecto no han de esperar compensaciones.

»Dignos de mérito son aquellos que descubren a Nuestro Padre Dios Común en «ellos mismos» y en todo cuanto los rodea.

...CIEN VECES BIENAVENTURADOS...

—Son bienaventurados los que dan, mas cien veces bienaventurados los que dan aquello que aún quieren, porque ellos ya se van saliendo de las influencias de este mundo.

»Son bienaventurados los que predican amor, mas cien veces bienaventurados los que lo llevan en su pecho y lo hacen con sus manos porque es el Cristo-Buda que habla y hace a través de ellos.

»Son bienaventurados los que alaban a Dios, mas cien veces bienaventurados son los que, sabiendo su «plan para el mundo», trabajan en su realización.

»Son bienaventurados los que abren los ojos y contemplan al mundo, mas cien veces bienaventurados los que abriendo más aún los ojos, contemplan el universo del cual el mundo apenas es una mota. Y viendo su pequeñez se hacen grandes.

»Son bienaventurados los que se limpian los oídos de las voces vacías de este mundo, mas cien veces bienaventurados son los que, oyendo, se hacen sordos para estar con los sordos y entenderlos hasta limpiarlos.

»Son bienaventurados los que predican en los templos con el corazón, mas cien veces bienaventurados son aquellos que se preparan en «la doctrina de la unidad» y la predican por el mundo con hechos.

»Son bienaventurados los que siguen a Dios, mas cien veces bienaventurados los que comprenden que Dios no tiene nombre, ni forma, ni atributos. ¿Cómo meter un rayo de sol en una lata? Estos no serán fanáticos porque verán que cada religión tiene una forma de ver a Dios y todas las formas son verdaderas mas no la Verdad.

»Son bienaventurados los que descubren la enseñanza que la vida les trae a cada momento, mas cien veces bienaventurados los que la hacen suya y después la reparten sin quedarse nada para sí.

»Son bienaventurados los que conocen las leyes que regulan las existencias de las formas, mas cien veces bienaventurados son aquellos que las hacen «ellos mismos» y las exteriorizan armonizadas en su «estar».

»Son bienaventurados los que llegan a las causas de las cosas por el conocimiento que les han legado, mas cien veces bienaventurados lo son aquellos que con innumerables esfuerzos inician nuevos caminos de comprensión y abren nuevas ventanas hacia la luz.

Puerta de la Cijara de la muralla islámica (Ronda)

DIGNOS DE COMPRENSIÓN...

—Dignos de comprensión son los ebrios, porque sirven sin saberlo de vasos donde beben seres que aún están sujetos fuertemente a los deseos de las sensaciones.

»Dignos de comprensión son los avaros, porque están tratando de reunir lo que despilfarraron en otro tiempo.

»Dignos de comprensión son los drogadictos, porque quieren encontrar el mundo que no les supieron dar sus mayores y tratan de escapar de esta cárcel pero por caminos equivocados.

»Dignos de comprensión son los maledicentes, porque en cada cara ven un enemigo y en cada voz una crítica.

»Dignos de comprensión son los envidiosos, porque nunca estarán tranquilos.

»Dignos de comprensión son los fanáticos, porque creen lo que no entienden y por ello siguen ciegamente a la palabra pero no al espíritu de ella.

»Dignos de comprensión son los egoístas, porque ellos viven en la cárcel de su pequeño yo.

»Dignos de comprensión son los que se sujetan a la materialidad de esta vida; porque morirán con ella.

»Dignos de comprensión son los que no pueden dar aun esforzándose, porque son como los árboles que no dan fruto.

MONEDAS DE AMOR...

—Mirad que para orar debéis dejar todo lo de fuera y, cerrando los ojos, miradme en vosotros. Entonces, todos formaréis un solo pecho, que será mi pecho, y un solo pensamiento, que será mi pensamiento. Y yo seré en vosotros y vosotros seréis por mí.

»Cuando extendáis una mano para dar, esa será mi mano. Y cuando abráis la boca para hablar de la luz, allí será mi boca que hablará de la luz.

»Cuando vuestros pies se cansen de andar por el camino espinoso de la vida y por la curva llameante de los sufrimientos, allí estarán otros pies que os den fuerzas y otras manos que los laven y los limpien y los preparen para seguir; porque mis manos y mis pies y mi boca son las manos y los pies y la boca del mundo y sólo desean iluminar.

»No dejéis que nada adormezca vuestro corazón ni que selle vuestros buenos pensamientos; porque en vosotros siembra sus conquistas la luz y si la luz se tornase oscuridad, decidme: ¿cómo se iluminaría el mundo y cómo se encauzará el camino hacia vosotros mismos?

»Si alguien dijese negro y otro azul y otro verde, vosotros comprendedlos a todos y sabed que la verdad a todos cobija y atiende. No os indispongáis con vuestros hermanos del mundo por las palabras; antes bien, trascendedlas.

»Sed fuertes para dejar que la no violencia entre en vosotros; porque no es más fuerte aquel que devuelve con más fuerza el golpe que recibe de la ignorancia de su hermano, sino aquel que lo perdona y lo comprende y pide por él para que se vuelva consciente a la Luz.

»Bien sabéis algo del más allá. Cuidaos, si os convertís en sus transmisores, en no llamar a escándalo con vuestras obras; porque muchos hermanos vuestros, jóvenes aún en la evolución, son como los niños, hacen lo que ven de vosotros con los ojos y, entonces, dirán: «¿Cómo este nos dice que encontró un tesoro y se comporta como si tan sólo hubiese encontrado piedras?». Id primero vosotros a ese tesoro y después repartidlo para que sus monedas de amor sean la mejor prueba de vuestro predicar.

»Muchos maestros han venido a la Escuela del mundo para enseñar. Mas yo os digo: aprended de todos porque todos tienen algo que deciros; pero que siempre sea para enriquecer y despertar al maestro que lleváis dentro. Y después, cuando vuestra frente sea un sol, id por los caminos y llamad al maestro interior en cada uno de vuestros hermanos.

»No seáis como los ignorantes, que aún hoy se pelean y recurren a la violencia por poner a un maestro por encima de otro.

»No seáis como ellos, que dicen ser depositarios de la palabra divina y con sus obras la empañan; mas aun así se han de perdonar y comprender porque no saben lo que hacen.

»Mirad alto y volad más allá de la ilusión del mundo y de sus limitaciones. Y las alas nacerán a cada latido de vuestro desperezo por encontrarse en el Uno Santo.

»Y venid a mí, hermanos, como yo vengo a vosotros, en el silencio de la noche y en el frío de la incredulidad, en la inquietud del desorden y la desarmonía de la ignorancia.

»¡Cuán duro es el camino!; mas bendita sea la dureza que ensancha y purifica en el Uno Santo.

»Y cuando un hermano os pregunte: «Mi hermano, dime cómo tú hablas con el Cielo para que yo también pueda hablar con el cielo», decidle: «Siempre que hablas con todo tu ser y dejas un hecho bueno sobre la superficie de la Tierra, sobre ella has escrito una oración que es oída en el cielo; mas si deseas meditar, hazlo así:

> Uno Santo, que eres en nosotros Esperanza, como nosotros somos Luz en Ti. Santificado seas por nosotros porque somos Tu Nombre. Sé consciente de Tu Reino en nosotros. Hágase Tu Voluntad porque también es la nuestra desde los mundos pesados y dormidos de Ti hasta aquellos que aletean con Tus Alas. Que nuestro cuerpo sea un altar donde se queme el pan en holocausto hacia Ti y que sea este nuestro alimento. Haz que podamos perdonarnos nuestras deudas en los demás y así toquemos en ellos Tu Frente. Y libéranos del mal de creer que estamos fuera de Ti; porque nosotros somos Tu reflejo en la Tierra como Tú ya eres el nuestro en los Cielos».

»Sabed siempre que cuanto veis no es sino el reflejo de vuestros estados interiores. No seáis pues como los ignorantes, que desean arreglar el mundo queriendo arreglar a sus semejantes. Arreglaos primero en vuestros corazones y después salid a arreglar, y yo os digo que ese día hasta los pajarillos irán tras vosotros para escucharos.

»Si os unís, dejad que lo haga el corazón; mas nunca os organicéis, porque las organizaciones traen de la mano a sus hermanas las normas y estas a sus hermanos los ritos, y entre todos matarán al principio de verdad del que nacieron.

»Que los grupos, pues, nazcan de dentro hacia fuera y nunca de fuera hacia dentro. Porque mientras lo primero os abre a la evolución, lo segundo os corta las alas del progreso y, con el tiempo, se vuelve más una cárcel que un jardín para vuestros espíritus.

»Abríos a todos, a la vez; aquellos que se abran como vosotros, esos serán vuestros hermanos conscientes.

»Bien sabéis que estas cosas no se realizarán ni porque las leáis ni porque las enmarquéis en vuestras cabezas, sino sólo cuando las sintáis en cada latido de vuestros corazones y las dibujéis con vuestra entrega y vuestro sacrificio sobre la faz de esta Tierra.

»En verdad os digo que nadie dejará la Escuela del Mundo ni se elevará un solo grado de ella si no vence a sus cuerpos...

»Velad pues, porque la hora del examen está pronta, y la campaña de recogida del grano ya ha comenzado.

»Se habla mucho del mal del dinero, mas yo os digo: en su seno no es ni malo ni bueno; es la utilidad que le dé el hombre aquello que lo hace malo o bueno. Pensad siempre que todo cuanto se os da no es para vosotros sino para ser portadores de ello y conductos hacia esos otros hermanos vuestros que más necesitan. Aliviaos en ellos. Daos en ellos y realizaos por ellos.

»El maestro del mundo os tomará como canales para hacer llegar el agua viva a toda la Tierra cuando hagáis esto. Cuando realicéis todas estas cosas, se abrirán los ojos del Espíritu y veréis que no estáis solos, que nunca lo estuvisteis; porque muchos hermanos mayores os guardan y preparan vuestros corazones para que, al tañirlos, se expanda a todas las esferas el Santo Nombre.

»Haced pues por aquellos que veis fuera de vosotros porque sois vosotros.

»Y ahora sumaos en mí y, en silencio, decid con vuestro corazón: «Paz y amor a todos los seres». Un abrazo fraterno a todos.

EL SENDERO
QUE LLEVABA AL SOL

Un día cuando se alejaban los pasos de la tarde cubriendo de plata los arroyos y de violeta los montes, Abul Beka miró a sus hermanos y miró el espíritu de todos aquellos que le seguían. Y con la voz que le nacía del corazón, dijo:

—Ha llegado el tiempo en que he de volver a la montaña. Mi voz ha fecundado el valle de la vida y ha sembrado de luz muchos corazones. Que ellos ahora a su vez enciendan la luz a otros corazones. Veo una gran luz en un horizonte no lejano donde se modelará el hombre nuevo.

»Se ha dicho: «Ama a tu prójimo como a ti mismo». Pero yo he visto que muy pocos se aman a «sí mismos» para poder amar a su prójimo. Yo os digo: conoceos a vosotros mismos para que sepáis qué arregláréis de vosotros mismos en vuestros semejantes. Y así sepáis cómo debéis hacer para amar a vuestro prójimo más que a vosotros mismos.

»Mis pies están descalzos y mi voz está desnuda. No los tratéis nunca de calzar ni de vestir. Si vosotros necesitáis calzados y vestidos, tomadlos, mas nunca digáis que sois de mí.

»Y se encaminó por el sendero que llevaba al sol. Jaida, la de los ojos grandes, lo seguía y lloraba porque nunca más lo volvería a ver.

Entonces Abul Beka se paró y, mirándola a los ojos, le dijo:

—Ahora tú me cierras el camino con una cortina de lágrimas porque no conoces el amor. Quizá mañana tu deseo me haga visitar tu vientre y tu amor de madre me dé un nuevo cuerpo para mirarme en el río de la vida. Y seguir andando desde el valle a la montaña.

Y volviéndose a todos, les dijo en alta voz:

—Mirad que no me añoréis ni me llaméis con palabras, ni me busquéis entre las hojas de un libro. Todo aquello que dije se ha parado en el tiempo y vosotros debéis de andar.

»Id y prolongadme al prolongaros. Es tan puro el viento que hasta impregna el pecho de aquel que lo golpea, y le da vida. Es tan pura el agua que da de beber a aquel que la contamina.

»Vosotros sois el viento y el agua y también el fuego y la tierra. ¿Acaso no sois una parte consciente de todas las cosas? ¿Y qué son los demás sino vosotros mismos en distintas circunstancias? Entonces, ¿qué rama hiere a otra rama, si sabe que juntas forman el mismo árbol? ¿A qué fruto lo tira el árbol, antes de estar maduro? ¿Y qué gota de agua se sale de la corriente y dice: «Ahora iré por mi cuenta hasta el mar»?

»Descubrid el ser perfecto que os habita. ¡Cuántos hay que caminan pero no avanzan! ¡Y cuántos hay que se quedan en la superficie y no ven lo que se guarda bajo esa superficie!

»No hay nada malo, ni nada bueno, porque nadie puede ser cortado por la misma medida ni pesado por el mismo peso. Cada uno hace su malo y su bueno para irse trascendiendo.

»Aquel que tiene el conocimiento sabe adónde va y de dónde viene y para qué ha sido llamado desde arriba. Sabe el nombre de todas las cosas y todas las cosas le sirven, porque al pedirlas, lo hace con un orden, y nunca para vanagloria suya, sino de la LUZ.

»¡Cuántas cañas secas bordean los arroyos! ¿De todas ellas hay alguna que dé azúcar? ¿Si es así, cómo la distinguiréis?

»Aquellos que conozcan su luz y la aviven y la mantengan, ¿dónde estarán a ciegas? Ni la más profunda oscuridad impedirá que vean. Porque aunque vivan en el mundo están por encima de él y aunque andan por el mundo su vuelo trasciende los siete cielos. Cuanto hacen es de la LUZ y es la LUZ en ellos que hace para dar testimonio.

»De verdad os digo: andad, y se os abrirán los caminos. Haced y se ampliarán vuestras esperanzas. Nunca estuvisteis solos, ni se os dejó solos. Abrid los ojos, y veréis otros ojos. Abrid las manos, y veréis otras manos. Dad los pasos, y veréis la compañía de muchos pasos.

»El almendro de vuestro jardín al que prodigáis tantos cuidados puede pensar: «Nadie cuida de mí, todos me dejan solo», porque sus ojos no ven vuestras manos ni su tacto siente vuestro tacto.

»Así os digo: a vosotros os ocurre igual. Vuestros jardineros están invisibles pero sus manos cuidan vuestro despertar. Que todas vuestras ansias sean aladas para haceros alados y que todos vuestros trabajos sean para limpiar el espíritu de verdad que hay en vosotros. Porque ese es vuestro fruto y vuestro amanecer consciente en el Todo Uno Santo.